AUGUSTE PAWLOWSKI
Professeur à l'École des Hautes Études Sociales
Chevalier de la Légion d'Honneur

L'INDUSTRIE TEXTILE FRANÇAISE

LIBRAIRIE SCIENTIFIQUE ET GÉNÉRALE
JULES CHARLES & A. BRUNET
7, RUE SÉGUIER, PARIS-6°

1925

L'INDUSTRIE TEXTILE FRANÇAISE

Auguste PAWLOWSKI
Professeur à l'École des Hautes Études Sociales
Chevalier de la Légion d'Honneur

L'INDUSTRIE TEXTILE FRANÇAISE

LIBRAIRIE SCIENTIFIQUE ET GÉNÉRALE
JULES CHARLES & A. BRUNET
7, Rue Séguier, PARIS-6e

1925

Ces Études ont été publiées

partie dans

le journal *L'INFORMATION*

en 1923-1924

et partie dans

LA FRANCE TEXTILE

en 1924-1925

DU MÊME AUTEUR :

Études Économiques :

Le nouveau Bassin Minier de Briey, 1 vol. in-18, Paris et Nancy, Berger-Levrault.

Les Ports de Paris, idem.

Le Sous-sol de la France, 1 vol. in-18, Paris, Berger-Levrault

Une Normandie inconnue, 1 vol. in-16, Paris, Dunod et Pinat. (Épuisé).

Les Transports de Fruits, Légumes et Primeurs, 1 vol. 16, Paris, Dunod et Pinat.

La Marine Marchande et l'Inscription maritime, 1 vol. in-12, Paris, Challamel.

Le Développement Minier et Métallurgique dans l'Est français ; le Grand-Duché de Luxembourg ; l'Alsace-Lorraine et la Belgique. 1 vol. in-8. Bibliothèque de l' « Information ».

L'Algérie Economique, 1 vol. in-8, Bibliothèque de l' « Information ».

Les Industries Hydro-Electriques, 1 vol. in-8, Bibliothèque de l' « Information ».

La Métallurgie du fer dans le Nord et l'Est envahis, 1 vol. in-8, Bibliothèque de l' « Information ».

L'Industrie Textile dans les Régions envahies, 1 vol. in-8, Bibliothèque de l' « Information ».

La Houille blanche française, aujourd'hui et demain, 1 vol. in-8, Bibliothèque de l' « Information », 1923.

L'INDUSTRIE TEXTILE
DANS L'ÉCONOMIE NATIONALE

Parce que plus disséminée dans son ensemble, l'industrie textile n'apparaît pas, d'ordinaire, avec toute l'ampleur qu'il conviendrait, aux yeux de l'opinion. On lui reconnaît volontiers un rôle de premier plan dans l'économie générale des peuples, mais on est tenté de ne lui accorder que la seconde ou la troisième place, derrière la métallurgie et l'industrie minière, cependant qu'elle constitue le principal élément de la production, comme elle fut la plus ancienne, dans le temps, des fabrications humaines.

En France, en particulier, elle occupe près du cinquième de la population industrielle, soit 842.165 ouvriers et ouvrières, dont 477.467 femmes d'après les statistiques d'avant-guerre, un million environ aujourd'hui en y comprenant l'Alsace-Lorraine (85.000 ouvriers). L'industrie cotonnière absorbait, à elle seule, plus de 160.000 salariés, à peu près comme l'industrie lainière, la soie n'employant que 110.000 individus. Toutefois, l'agrégation au territoire de l'Alsace a affirmé définitivement la supériorité du coton en matière de main-d'œuvre.

Les statistiques de 1906 fixaient à 636.632 chevaux la force mise en œuvre par les producteurs, ou 18,75 % de la puissance totale réservée en France à l'industrie. Il ressort des derniers relevés — plus précis — qu'en 1920, 568.020

chevaux étaient accaparés par les textiles pour 105.529 en 1880, 408.241 en 1900, et 534.630 en 1910. L'Alsace n'est pas comprise dans ces évaluations, faute d'un inventaire définitif.

La fonction capitale des industries textiles se manifeste plus éloquemment encore si l'on considère les vastes opérations auxquelles elles donnent lieu. D'après les rapports de la Commission des valeurs en douane, la France importait, en 1913, 933.120 tonnes de matières premières textiles, et en exportait 236.802, ce qui mettait normalement à la disposition des industriels près de 700.000 tonnes. En 1920, les arrivages atteignaient 540.142 tonnes, et les expéditions, 140.555, laissant 400.000 tonnes à la consommation nationale. En ce qui concerne les produits fabriqués, nos livraisons au dehors se sont chiffrées à 146.485 tonnes en 1913, et 100.157 en 1920, pour 55.151 et 127.246 tonnes de réceptions. Il y a lieu, évidemment, de souligner l'écart énorme constaté entre les échanges d'avant-guerre et ceux de 1920 (plus de 40 %), mais on ne saurait en tirer d'autre conclusion que l'industrie textile a traversé, au lendemain de la guerre, une crise aiguë, d'ailleurs compensée par la reprise intensive de 1922. Les chiffres de 1920, les derniers recueillis par la Commission des valeurs en douane, et encore inédits, n'ont donc qu'un intérêt de comparaison. Ce qu'il sied de retenir c'est que, de 1909 à 1913, les matières premières destinées aux industries textiles représentaient effectivement 38 % en moyenne de nos importations totales de matières matières à transformer (1.731.931.000 francs sur 4.548.588.000 francs), tandis que nos exportations de produits fabriqués textiles s'élevaient à 1.117.656.000 francs, ou 35,45 % de nos expéditions globales de marchandises manufacturées (3 milliards 154.015.000 fr.). En y adjoinant les 1.315.000.000 francs de vêtements et lingeries cousues envoyés outre frontières, on doit fixer à 41 % de nos exportations de produits finis la part qui revenait aux producteurs textiles.

En 1913, notre pays recevait 330.625 tonnes de coton brut, dont 270.000 furent dénaturés, 285.570 tonnes de laines en masses, peignées et déchets (145.000 en 1921), près de 20 millions de kilos de soies et bourres de soie (8.653.000 en 1921), 298.100 tonnes de lins, chanvres et filaments végétaux (118.702 en 1920).

Ces indications suffisent pour révéler la suprématie des industries textiles, qui, par ailleurs, figurent parmi les meilleurs clients de l'agriculture et de la métallurgie. En dépit du rôle primordial joué par ces fabrications, aucun inventaire détaillé n'en avait été exécuté avant la laborieuse enquête poursuivie par nous en 1913. Malgré tous nos efforts, ce bilan était pourtant resté incomplet, l'individualisme des producteurs interdisant certaines recherches. Il nous a paru que l'heure était venue de renouveler cette prospection, d'autant plus que de nouveaux problèmes ont été posés par la réincorporation de l'Alsace, que des fabrications se sont développées ou créées au cours du grand conflit, que la restauration des régions envahies a modifié parfois la physionomie de la production.

Le perfectionnement de l'outillage déjà entrepris bien avant la guerre — l'industrie textile a toujours été progressive — a été encore intensifié, devant l'âpreté des concurrences étrangères, aussi menaçantes aujourd'hui qu'hier. La raréfaction de la main-d'œuvre, consécutive aux hostilités, a contraint à de nouvelles et perpétuelles améliorations, et à une évolution plus caractérisée s'il est possible. L'ouvrier, mieux renseigné, a compris que ses oppositions au machinisme allaient à l'encontre de ses propres intérêts, et y a partiellement renoncé. En même temps qu'elle avait à lutter contre le fardeau fiscal, des législations hâtives, la rivalité de ses voisins, la crise du change, l'industrie textile voyait se présenter avec plus de gravité qu'autrefois la question de l'approvisionnement en matières premières. Elle a dû, corollairement, envisager la création de nouvelles ressources dans notre domaine colonial, inaugurant ainsi une politique rationnelle, à laquelle elle aurait dû songer de longue date.

Les caprices de la mode l'ont, comme par le passé, incitée à varier sans cesse et à multiplier ses articles, à se rajeunir sans répit. Cette nécessité fait, d'ailleurs, de cette fabrication la plus vivante de toutes ; il est vrai qu'elle est particulièrement bien servie par le génie créateur de la France, et c'est ce qui explique l'étendue de ses travaux dans notre pays.

Les préparations textiles ne pouvaient, en aucun cas, échapper à ce mouvement général de concentration qui est imposé par l'obligation de comprimer les prix de revient. Aussi la petite industrie, qui tendait déjà à disparaître, a-t-elle, de plus en plus, décliné. Mais, parallèlement, l'électrification nationale tend à favoriser la décentralisation de la fabrication sous le contrôle de la grande production. Il faut, enfin, enregistrer un rapprochement symptomatique entre les intéressés. Ceux-ci n'avaient naguère qu'un élément de contact : l'Union des Syndicats des Textiles, instrument insuffisant, à la vérité, pour des industries diverses par essence.

L'après-guerre a vu naître trois grands organismes : le Syndicat Général du Coton, le Comité de la Laine et la Confédération Générale de la Toile. Bien dotés, appuyés sur l'Union, toujours vivace, ces groupements donneront à l'industrie textile la cohésion qui seule assure la victoire dans l'impitoyable rivalité économique des peuples.

PREMIÈRE PARTIE

L'Industrie Textile du Nord et de la Normandie

I

Le Coton dans le Monde et en France

Déjà avant la guerre, le coton, malgré des périodes critiques, avait conquis le premier rang parmi les industries textiles nationales, bien que la production lainière l'emportât pour la valeur des matières premières traitées. Cependant, l'industrie cotonnière française avait à lutter contre le relèvement des cours du coton brut, récolté dans les pays dont elle avait à redouter la concurrence, et le développement de l'outillage aux Etats-Unis et en Angleterre. Mais, d'un autre côté, la consommation tendait à rechercher davantage une marchandise d'un prix particulièrement accessible. Néanmoins, depuis 1910, la surproduction endémique aurait pu être fatale aux cotonniers, si nos colonies n'avaient permis d'écouler une partie de l'excédent. En 1912, on comptait 135.125.000 broches, pour 107.500.000 en 1902 et 123.856.000 en 1908. La Grande Bretagne venait en tête avec 56.750.000 broches, suivie par les Etats-Unis, avec 29.500.000, l'Allemagne (10 millions 500.000), la Russie (9.100.000), les Indes anglaises (6 millions 375.000), l'Autriche (4.950.000), l'Italie (4.600.000), le Japon (2.100.000), l'Alsace (1.900.000), la Belgique (1.518.000).

L'augmentation pour la période décennale atteignait 25 %. La France ne figurait dans ce bilan que pour 7 millions 525.000 broches.

En 1922, le matériel mondial avait encore progressé, avec 154.131.242 broches à filer (153.657.680 d'après la Fédération Internationale), dont 100.099.133 pour l'Europe (chiffre analogue à celui de 1912), 13.579.297 pour l'Asie, 40.321.012 pour l'Amérique. L'Angleterre gardait son avance, mais la France passait de la quatrième à la seconde place, du fait de l'annexion de l'Alsace et de l'installation de broches nouvelles. L'Allemagne, par contre, rétrogadait à 9.600.000, la Russie à 7.100.000, la Tchéco-Slovaquie enregistrant 3.565.164 broches, l'Italie 4.550.000, l'Espagne 1 million 803.785, la Belgique 1.584.000, la Suisse 1.550.000, la Pologne 1.185.623.

Le Japon avait doublé son outillage (4.483.258), la Chine presque triplé le sien, porté de 750.000 à 2.066.582. Nos colonies d'Asie venaient aussi nous apporter un appoint de 150.000 broches. Enfin, aux Etats-Unis on pouvait évaluer à 20 % l'augmentation de la capacité de production par rapport à 1912 (36.843.000 broches).

D'après la statistique internationale du 31 janvier 1922, les broches en activité ne dépassaient pas 133.715.580, dont 77.057.980 continus contre 56.657.594 renvideurs, cependant que 19.963.537 filaient le coton égyptien et 1.419.250 étaient en cours de montage. 2.800.000 ouvriers se consacraient au travail du coton sur la terre.

La France a, personnellement, témoigné d'un remarquable essor dans la préparation du coton. Alors que le nombre de ses broches n'excédait pas 5 millions en 1875, 7.100.000 en 1910, 7.400.000 en 1912, elle en compte en 1923 plus de 9.600.000, dont 20 pour 100 travaillant le jumel. 1.225.215 broches à retordre complètent ce matériel. En outre, notre pays dispose de 180.560 métiers mécaniques et de 27.800 appareils à bras, contre 62.500 en 1873, 70.000 en 1883, 108.000 en 1910, sans faire état des 268 machines à imprimer. Le nombre des métiers mécaniques utilisés dans le monde s'élevant à 2.814.750, la France en posséderait pour son compte 7 %, contre 40 % (790.400) pour l'Angleterre. La part de l'Allemagne diffère peu de la nôtre. Les Etats-Unis ont près de 130.000 métiers, l'Italie et la Tchéco-Slovaquie autour de 140.000 chacune.

En chiffres ronds, on doit estimer à 200.000 ouvriers, le personnel réservé à l'industrie nationale du coton.

Pour alimenter ces fabrications, la France a porté ses importations de coton brut de 65.000 tonnes en 1880 à 120.000 en 1890, 160.000 en 1900, 260.000 en 1910, 328.186 en 1913, 200.000 en 1921.

Pour ne pas insister sur ces observations générales, nous remarquerons, en dernier ressort, que nous avons produit en 1913, 243.000 tonnes de filés de coton, en 1921 181.200, dont 31.200 pour l'Alsace, et 257.400 en 1922 (42.100 en Alsace.)

Pour les tissus, nos fournitures sont demeurées fort au-dessous de celles de 1913. 9.567.000 pièces de 100 mètres — dont 1.317.000 pour l'Alsace — en 1921, et 11.982.000 (Alsace 1.582.000) en 1922, contre 13.300.000 en 1913 (Alsace exclue). Ceci représente quelques milliards d'affaires.

II

Le Rayon lillois du Coton

L'industrie du coton est surtout pratiquée dans le Nord et en Normandie. Dans le Nord, trois centres principaux s'adonnent à cette fabrication : Lille, Tourcoing et Saint-Quentin.

La filature lilloise, très ancienne, est concentrée à Lille et dans la banlieue (la Madeleine), Canteleu, Lomme, Lambersart, Loos, Hellemmes. Elle comprenait, en 1913, 26 filatures, pourvues de 1.893.179 broches selon les uns, 1.548.032 à filer et 632.488 à retordre, d'après l'enquête anglaise de 1919, soit à peu près le quart du matériel français. En 1910, le syndicat lillois évaluait à 98 millions et demi le chiffre d'affaires de l'industrie, qui faisait vivre plus de 13.000 ouvriers.

Au 1er janvier 1923, après une reconstitution active des ruines accumulées par l'invasion, on comptait 1.358.934 broches à filer en état de marche et 627.726 à retordre. Il restait à installer 143.960 broches à filer et 37.600 à retordre. En 1922, on n'avait signalé que 1.213.000 broches à filer et 578.000 à retordre.

Les établissements, qui ne sont plus qu'au nombre de 19, comportent présentement une usine de plus de 200.000 broches à filer, 3 de 100.000 à 200.000, 2 de 75.500 à 100.000, 4 de 50.000 à 75.000, 7 de 25.000 à 50.000, 2 de moins de 25.000. On constate que les événements ont fait absorber certains établissements par d'autres, en vertu du phénomène de concentration précédemment indiqué, d'où la diminution du nombre des usines.

D'un autre côté, en 1913, le premier rang revenait à la filature d'Hellemmes avec 241.000 broches. Celle-ci, propriété de manufacturiers de Manchester, n'a pas reçu 100.000 de ses anciennes broches et a rétrogradé à la troisième place, précédée par les ateliers Délebard-Mallet de Loos et Thiriez, de Loos également. Une quatrième usine (Wallaert) a dépassé les 100.000 broches.

En résumé, il semble y avoir, dans le rayon lillois, tendance à un certain développement de la filature, malgré, d'une part, la disparition de la maison Lefebvre, à Lille, passée à la bonneterie, et de graves difficultés de main-d'œuvre.

Les 12.500 ouvriers occupés au début de 1923 — dont 8.500 femmes — sont insuffisants avec les journées de travail réduit.

Cependant la filature lilloise, qui avait fait en 1920-21 une campagne heureuse, interrompue par une grève de 3 mois, et en 1922 un brillant exercice, n'a pas trop à appréhender la restriction de son activité en 1923. Son ravitaillement en cotons n'est guère à redouter, vu qu'elle travaille exclusivement les duvets égyptiens et géorgiens, qu'elle produit des fils réputés, et débite tous les numéros, depuis les plus élevés, provenant de la corde fileuse, jusqu'aux plus fins, recherchés pour la dentellerie. Sa renommée justifiée garantit son avenir.

III

Le Coton à Roubaix-Tourcoing et les Salaires ouvriers

Le puissant développement à Roubaix-Tourcoing de l'industrie lainière n'a nullement entravé la prospérité de la fabrique cotonnière, née en même temps que celle de Lille. Les relevés de 1923 fixaient à 462.718 broches les moyens d'action des 15 ateliers de Roubaix, à 640.000 broches l'outillage de Tourcoing (18 entreprises). 6.700 ouvriers traitaient alors de 50.000 à 55.000 balles de coton à Roubaix, et livraient 14.000 tonnes de fils. L'agglomération tourquenoise et roubaisienne comportait ainsi 1.100.000 broches, en augmentation de plus de 100.000 broches sur le chiffre de 1911. En 1914, ainsi qu'il appert des statistiques élaborées après l'occupation, le matériel comprenait 467.785 broches à filer à Roubaix et 658.420 à Tourcoing, plus 266.937 à retordre, dont 150.737 pour Tourcoing. 15.000 ouvriers étaient attachés à cette industrie, qui produisait autour de 35.000 tonnes de fils, valant 65 millions.

Les Allemands ne s'attaquèrent guère aux bâtiments, mais détériorèrent l'outillage. Aussi la restauration pût-elle être rapidement poursuivie. Dès mars 1920, 572.760 broches de filés avaient été remises en état et 116.000 à retordre, pour 30 établissements, dont un nouvellement aménagé.

En 1922, on comptait dans le rayon qui englobe, outre Tourcoing et Roubaix, Croix et Wasquehal, et, par une extension inexplicable, Armentières, 1.250.000 broches à filer et 250.000 à retordre. On remarquera que, depuis la guerre, 2 filatures ont été créées, cependant qu'on n'enregistre aucune suppression. D'autre part, s'il y a une légère régression pour le retordage, le filage bénéficie de 125.000 broches supplémentaires.

Les filatures tourquenoises sont, dans l'ensemble, moins puissantes que celles de Lille, aucune n'a été dotée de plus de 100.000 broches, et une seule a été pourvue de plus de

75.000 broches. Par contre, 5 ont de 50.000 à 75.000 broches, 13 de 25.000 à 50.000. 14 établissements sont moins largement outillés.

Les chiffres de la production pour 1922 n'ont pas encore été arrêtés. Nous savons, toutefois, qu'en 1921, année affectée par des grèves, le tonnage fabriqué a voisiné 22.000 tonnes, les broches actives étant alors au nombre d'environ 980.000.

Nous ne saurions donner une idée précise du tissage de coton dans ce rayon, bien que le syndicat général évalue à 3.500 les appareils flamands. Le travail du coton et de la laine est, en effet, généralement confondu et la départition serait complètement arbitraire.

Le problème du ravitaillement en matières premières préoccupe, semble-t-il, beaucoup plus les filateurs roubaisiens que les Lillois. S'ils emploient le jumel d'Egypte, ils opèrent plus volontiers sur le coton américain. Or, l'extension continue de l'outillage de filature aux Etats-Unis doit avoir, quelque jour, pour résultat de faire réserver le coton américain à la production nationale. Un industriel qualifié ne craignait pas de nous affirmer que « dans vingt ans nous serions entièrement sevrés de cette marchandise ». Perspective singulièrement troublante si l'on songe que la France emprunte de 600.000 à 700.000 balles aux Etats-Unis, dont plus de moitié pour le Nord.

La question de la main-d'œuvre paraît moins angoissante, par ailleurs, qu'à Lille. Roubaix-Tourcoing recrutent une bonne partie de leur personnel en Belgique (15 à 20 %). Avant la guerre, les ouvriers étrangers logeaient en garni, et se rendaient à leur domicile fixe du samedi au lundi. Mais, les logeurs ont cessé leurs offices. D'où nécessité pour les travailleurs de regagner, chaque soir, leur foyer, et obligation pour les employeurs d'envisager l'édification de maisons collectives à leur usage. Mais il est bien évident que cette sujétion peut aussi bien s'appliquer à l'industrie lainière.

La raréfaction de la main-d'œuvre féminine, aggravée à Lille par l'extension de la confection, qui attire l'ouvrière hors de l'usine, et dans tout le département, par les hauts salaires qui incitent la femme du prolétaire à demeurer au logis, apparaît plus difficile à surmonter que la disette de bras masculins. Ces considérations expliquent, en même temps que le coût excessif de la vie, les rémunérations élevées que les cotonniers du Nord ont dû consentir à leur personnel.

Déjà, en 1913, nous avions dû enregistrer les relèvements pratiqués depuis 1903, et qui atteignaient à Lille 20 %, malgré la diminution des heures de travail. Depuis la guerre, la progression a été prestigieuse. Le fileur de coton a vu son gain horaire porté de 0 fr. 50 à 2 fr. 893, le rattacheur a obtenu 2 fr. 38 au lieu de 40 centimes, le bacleur, 1 fr. 12 contre 0 fr. 17, tandis que la bobineuse reçoit 1 fr. 794, au lieu de 0 fr. 25. Ces chiffres moyens, que nous devons à l'obligeance de M. Lay, l'éminent directeur du Consortium textile patronal de Roubaix-Tourcoing, sont éloquents. L'augmentation oscille entre 500 et 750 %. On peut concevoir la répercussion de ces taux sur l'industrie cotonnière de Roubaix-Tourcoing si l'on pense qu'en 1922 les ouvriers ont fourni 23.302.666 heures de travail. Par rapport à 1913, l'accroissement de dépense a, de ce chef, excédé 100 millions.

A Lille, le fileur encaisse autour de 24 francs par jour, pour 8 heures, au lieu de 6 francs pour 10 heures, cependant que les ouvrières touchent 15 à 16 francs, au lieu de 3 fr. il y a dix ans.

Il aurait fallu pouvoir compenser ces lourdes charges par une amélioration du rendement, mais, en général, les ouvriers cotonniers flamands sont résolument hostiles à de nouveaux progrès des machines, et il n'est point possible d'obtenir de leur bonne volonté qu'ils récupèrent les heures perdues à la suite des fréquentes festivités qui sont la plaie du Nord laborieux.

Les salaires accordés par les producteurs ne pèsent pas seulement sur la fabrication de Lille et de Tourcoing. Ils sont aussi la cause de différends entre patrons et salariés d'autres régions. La grève d'Elbeuf d'avril 1923 a été provoquée par le désir manifesté par les lainiers normands de voir assimiler leur paie à celle des travailleurs flamands.

Cependant, les conditions de l'existence ne sont pas les mêmes en Normandie et dans le Nord, et l'exemple donné par la cotonnerie de Lille ou de Tourcoing ne saurait, en aucun cas, constituer un argument en faveur du relèvement intempestif des rémunérations.

Lille n'exporte pas de fils. Il pourvoit Calais, Caudry, Saint-Quentin, Lyon, la Loire. Roubaix approvisionne également le marché français. Nul doute que si l'industrie septentrionale du coton essayait de conquérir une clientèle extérieure, ses prix de revient ne lui fermeraient automatiquement les débouchés espérés.

IV

Saint-Quentin

L'industrie textile de Saint-Quentin se rattache à la fabrication cotonnière du Nord non seulement au point de vue géographique, mais parce qu'elle lui emprunte une bonne part des fils qu'elle met en œuvre. Elle est loin, d'ailleurs, de pouvoir prétendre à un chiffre d'affaires aussi considérable, bien qu'elle élabore des tissus de qualité, mais le rang qu'elle occupe sur le marché national, du fait de la souplesse de ses produits, lui permet de jouer dans l'économie du pays un rôle tout particulier.

Le centre saint-quentinois englobe à la fois des préparations diverses, la filature, le tissage, la broderie, la guipure et de multiples établissements de l'Aisne, souvent disséminés.

Avant la guerre, Saint-Quentin comptait 2 filatures avec 65.000 broches. 13 tissages, dont 11 urbains, agglomérant 5.000 métiers. La moyenne des appareils ne dépassait guère 400 métiers par maison, quoique trois établissements eussent été dotés d'un nombre supérieur de métiers. La production était estimée, en 1913, à 23 millions, ou 3.300 francs par métier.

Mais il faut immédiatement observer que, d'une part,

l'Aisne comportait une poussière de petits ateliers, puisqu'en 1914 on chiffrait encore à 187 le nombre de ses entreprises — pour 1.850 en 1903 — et à 31.000 ouvriers le personnel occupé au travail du coton, tandis que la broderie avait fait des progrès ininterrompus dans l'Aisne, à Saint-Quentin, où l'on enregistrait 40 établissements, 800 métiers et 1.500 ouvriers, et dans la campagne, à Apremont, Brancourt, Beauvais, Servois, Montbrehain. A la vérité, et malgré l'absence de statistiques de détail, on pouvait fixer à 2.200 métiers à bras et 450 fils continus l'outillage départemental de la broderie, qui livrait pour 16 à 17 millions de marchandises annuellement.

Il convient d'ajouter à ces éléments d'activité l'industrie de la guipure, pratiquée dans deux usines, l'élaboration des rideaux brodés, avec 6 ateliers, et l'industrie des tulles bobinots pour rideaux, qui employait 500 métiers environ, répartis entre 10 firmes. Sans doute, ces fabrications accusaient-elles autour de 10 millions de recettes en période normale.

Les crises fréquentes qui avaient affecté l'industrie cotonnière française n'avaient eu sur la prospérité de Saint-Quentin qu'une répercussion limitée, grâce à l'ingéniosité de la fabrique, qui avait toujours su s'adapter aux caprices de la mode et abandonner la laine pour le coton lorsque l'occasion l'exigea. Saint-Quentin avait, en dernier ressort surtout, préparé le piqué et les tissus nouveautés, en particulier pour l'Afrique du Nord. L'Allemagne, en dépit de son ambition démesurée, n'avait pu lutter contre la réputation du tissage saint-quentinois et, lassée des échecs qu'elle avait subis, s'était résignée à venir travailler sur place. Nombreux étaient les immigrés germains qui s'étaient introduits dans les usines, et un établissement arborait même l'étiquette teutonne.

Il importe aussi de remarquer que la suppression du tissage à bras avait facilité l'extension des usines, en leur procurant une main-d'œuvre expérimentée, outre que l'emploi de femmes de plus en plus nombreuses avait permis de peupler les ateliers nouveaux.

Les Allemands, jaloux de cette prospérité, témoignèrent

d'un impitoyable vandalisme dans le rayon, dès le lendemain de leur défaite sur la Marne, en 1914. A l'armistice, il ne restait plus qu'un dixième des bâtiments, et un *millième* de l'outillage de 1914. La reconstitution fut pénible. Au 1er septembre 1920, les filatures n'étaient pas encore restaurées complètement, et l'on ne comptait que 1.500 métiers à bras en service, 125 métiers mécaniques, 27 métiers à broder, 10 à guipures, 2 à tulle et 25 machines de préparation. Les ouvriers utilisés n'excédaient pas 3.113, ou 7.5 % de l'effectif de 1914. Au début de 1923, toutefois, l'effort décisif avait été réalisé.

Deux filatures étaient en marche, comme en 1914, mais tandis que l'une d'elles avait été rétablie sous sa forme ancienne (Touron, Saint-Quentinois), la seconde avait succédé à un tissage (Bondoux), cependant que la cotonnière de Saint-Quentin transformait en tissage l'ancienne manufacture Hughes. L'usine nouvelle dispose de 40.000 broches et compte en installer 50.000. L'aménagement définitif sera réalisé lorsque les possibilités de main-d'œuvre l'autoriseront. Les broches à retordre complémentaires sont toutes en service. Quelques petites filatures sont essaimées dans l'Aisne, dont celle d'Hirson. La question du personnel, qui ne se posait pas encore en 1914, a également retardé l'achèvement de la reconstitution des tissages. En mars 1923, on comptait 1.400 métiers à la Cotonnière, 600 à la maison David, Maigret et Donon, 400 dans les usines Trèves, Taine-Guyot, Cornaille, etc. Dans l'ensemble, le nombre des métiers atteint celui d'avant-guerre, c'est-à-dire 400 à 500 par usine, mais il convient d'observer, d'une part, qu'une nouvelle affaire poursuit actuellement la construction d'un tissage, de l'autre, que la maison David et Maigret a réduit momentanément de 250 le chiffre de ses machines. Lorsque Saint-Quentin aura reconquis sa vitalité, peut-être devra-t-on enregistrer 5.500 métiers mécaniques au lieu de 4.700 indiqués en 1922 comme représentant le matériel saint-quentinois.

On évalue, par ailleurs, à 3.000 les métiers à bras du rayon. Mentionnons la concentration qui s'affirme ici, comme à Lille, la Cotonnière ayant absorbé une filature, trois tissages et une usine d'apprêts.

Saint-Quentin, comme Lille — ou Elbeuf — a vu se développer l'industrie de la confection. C'est même en vue d'alimenter ses ateliers que l'industriel Oudinot installe un tissage. Saint-Quentin a donc quelque raison d'appréhender la pénurie de personnel, la confection faisant partout le vide dans les manufactures.

Cependant, les salaires sont déjà fort élevés à Saint-Quentin. De 1903 à 1913, on notait un relèvement de 40 à 60 % pour les fileurs et tisseurs. Depuis la mobilisation les gains, pour le tissage, ont augmenté de 350 à 400 %.

Pour le tissage à bras, la progression a été beaucoup plus considérable. Elle oscille entre 700 et 800 %. On paie 1 fr. 20 un travail évalué 0 fr. 14 en 1914. Il en est résulté que les façonniers ont de moins en moins recours à la collaboration du tisseur à bras et qu'en 1922, malgré l'abondance des commandes, des chômages ont été constatés dans le tissage à la main, chômages qui n'ont cessé de se multiplier en 1923. L'ouvrier en chambre a dû se résigner à s'embaucher dans les chantiers, mais si l'écart entre les prix de revient devait se perpétuer avec cette amplitude, on devrait envisager la disparition rapide de l'ancien travail à la main.

La restauration de la broderie a été concomitante avec celle de la guipure, aujourd'hui complètement rénovée, et du tissage. Saint-Quentin dispose désormais d'un matériel qui ne le cède en rien à celui d'avant-guerre, mais qui présente cette supériorité d'être plus perfectionné et d'exiger moins de personnel. Le grand métier de 15 yards est courant. Saint-Quentin peut aisément le disputer désormais à la concurrence extérieure.

Pour les tissus, pourtant, l'exportation saint-quentinoise se heurte à de sérieuses difficultés. Jadis, Saint-Quentin expédiait à l'étranger, en Allemagne, d'abord, et, contrairement à toute attente, en Belgique, en Russie, aux Etats-Unis, en Autriche, en Espagne. 25 à 30 % de sa production allait au dehors. Mais la Russie nous est fermée ; l'Autriche et l'Italie sont pauvres, l'Allemagne nous boude. Les pays à change incertain sont indécis. En même temps, Saint-Quentin doit compter avec l'Alsace et les Vosges, où les salaires sont plus modestes, et les prix de revient moindres; avec la Tchéco-Slovaquie, qui fait le même article. En vain a-t-on tenté de conquérir le marché colonial. Les prix de Saint-Quentin s'opposent à la démocratisation du tissu élaboré. Mais la crise ne saurait être que momentanée. La réputation des produits de Saint-Quentin permettra de surmonter les obstacles, présentement accumulés.

V

Le Coton en Normandie

Avant la guerre le Nord groupait 32 % des broches nationales de coton, avec 2.600.000 broches. Sans prétendre à occuper dans la production nationale une place aussi considérable, la Normandie s'honorait de posséder 1.500.000 broches, soit 22 % de l'outillage français de la filature.

Toutefois, l'industrie du fil de coton n'y avait pas progressé depuis le début du siècle. Les statistiques du syndicat normand, qui englobe non seulement toute l'ancienne province (Seine-Inférieure, Calvados, Orne, Eure, Manche), mais encore le rayon de la Mayenne, enregistrent successivement 977.142 broches en 1900, 1.113.839 en 1905, 1 million 163.825 en 1910, 1.152.228 en 1911, 1.155.186 en 1912, 1.026.000 en 1913. En y comprenant les établissements non syndiqués, on pouvait estimer à 1.700.000 broches le matériel de filés de la Normandie et de la Mayenne, réparti entre 70 usines, et pouvant élaborer 60.000 tonnes de produits.

Au début de 1923, le syndicat (60 établissements) comptait 1.283.000 broches à filer, 96.000 à retordre, ce qui paraît devoir porter à 1.646.000 broches le chiffre des appareils installés dans la zone. On peut en induire que la filature normande a peu varié dans son ensemble depuis 20 ans.

Le tissage, au contraire, témoignait d'un recul sensible. Si l'on signalait en 1912 17.213 métiers syndiqués, contre 15.369 en 1901, 15.781 en 1905, 18.707 en 1910, et 18.615 en 1911, la production rétrogradait de 193.101.000 mètres en 1909 à 165.912.000 mètres en 1912, alors qu'en 1901 elle atteignait déjà 167.116.000 mètres.

Le syndicat contrôle aujourd'hui 21.000 métiers, mais on ne saurait en conclure que le tissage se soit manifestement développé depuis 1914. De nombreux dissidents se sont, en effet, décidés à adhérer à l'organe de coordination, et l'on doit fixer à 24.000 métiers, comme en 1913, l'outillage total du rayon.

Une grande majorité des appareils en service appartiennent à la Seine-Inférieure. La circonscription comprend, en effet, 754.000 broches dépendant de filatures pures, et 529.000 relevant de filatures-tissages, soit près de 1.300.000 broches.

Deux centres principaux pratiquent cette fabrication : celui de Rouen, auquel se rattachent les ateliers de Malaunay, Maromme, Déville, le Houlme, Bapeaume, Oissel, Saint-Léger-du-Bourg-Denis, Monville, Saint-Pierre-de-Varengéville, Barentin, Petit-Quévilly, Sotteville, Pavilly, Saint-Etienne-du-Rouvray, Fontaine-le-Bourg, Notre-Dame-de-Bondeville. En tout, 44 entreprises.

D'autre part, au centre de Bolbec sont apparentés les établissements de Bolbec et de Lillebonne. Ouville-la-Rivière possède une filature isolée.

L'Eure dispose présentement de 96.000 broches, plus particulièrement concentrées dans la vallée de l'Andelle, à Brionne (2 usines, 14.000 broches), à Charleval, à Vernon et à Pont-Audemer (16.000), le Calvados de 81.000, et l'Orne de 55.000.

Il en a été tout différemment, depuis dix ans, de la filature normande et de celle des Flandres. Si quelques petites installations ont dû être supprimées, deux entreprises maîtresses ont adjoint à leur matériel d'antan quelques branches supplémentaires, sans cependant que la physionomie de la fabrication en ait été affectée.

Tout comme en 1913, deux usines seulement font tourner

plus de 50.000 broches (Badin et Cotonnière), et l'outillage moyen demeure de 25.000 à 30.000 broches. L'ancienne affaire autrichienne de Pollak est passée dans des mains françaises, mais la Cotonnière de Saint-Etienne de Rouvray est toujours constituée en partie avec des capitaux belges.

Le tissage du coton utilise 12.000 métiers environ dans le cadre rouennais (Rouen, le Houlme, Darnétal, Pavilly, Sotteville, Barentin, Maromme, Roncherolles, Oissel, Petit-Quevilly, Saint-Etienne-du-Rouvray, Malaunay, Monville). Au groupe de Bolbec (10.000 ouvriers), sont agrégées les usines de Lillebonne, d'Yvetot, de Veauville-les-Baons, et Gruchet-le-Valasse. Le tissage s'est, de plus, perpétué dans quelques bourgs isolés, à Graville, aux portes du Havre, à Brachy, à Offranville, cependant qu'à Luneray, dans le canton de Bacqueville, se prépare en ateliers la toile d'emballage. D'un autre côté, la région de Donteville s'est spécialisée dans l'ourdissage à la main, et la production à bras des bournous africains.

Le rayon de l'Andelle, dans l'Eure, avec ses usines actives de Perriers, Fleury, Romilly, Perruel, Radepont, relève géographiquement de Rouen, mais forme un noyau distinct. L'Eure renferme, d'ailleurs, de multiples établissements disséminés, à Pont-Audemer, Thiberville (100 métiers), Bernay (290 métiers réservés à la rubannerie de coton), Menneval (320 métiers), Fontaine-le-Louvet, Charleval, Vernon (600 métiers), Nonancourt, Saint-Lubin-des-Joncherets.

La moyenne des métiers installés n'excède guère 400 à 450. Une seule usine en compte plus de 1.000. La manufacture de Saint-Rémy (Eure-et-Loir), incorporée dans le groupe de l'Eure, et deux autres établissements, enregistrent un nombre de métiers voisin de 1.000.

On mesurera également l'importance de cette industrie, qui occupe 21.000 ouvriers dans l'Eure et la Seine-Inférieure (32.000 pour la Normandie et la Mayenne), en considérant que la cotonnière de Saint-Etienne-du-Rouvray nourrit 2.000 salariés, la manufacture cotonnière d'Oissel 700, la maison Lailler 1.200, la maison Aubois 500, etc.

Si la filature n'a, en somme, guère modifié son allure générale depuis 25 ans, on n'en saurait dire autant du tissage

Tout d'abord, nombreuses ont été les disparitions d'ateliers. A la suite d'une toute récente enquête approfondie, on a dû constater celles de fabriques établies dans la Seine-Inférieure, à Autretot, près d'Yvetot, Bolbec (4), Dondeville, Bondeville, Prétot, Bourdainville, Cany, Vibeuf, Denestainville, Lanquetot, Rouen (8), Maromme, Offranville, Yvetot (3), Torcy, Fécamp (brûlée et non restaurée), et dans l'Eure, à Thiberville, Charleval, Drucourt, Bournainville, Monneville. Il faut, toutefois, observer qu'il s'agit en l'occurrrence d'affaires d'ordre secondaire.

En second lieu, si l'on ne peut constater une évolution parallèle à celle dont le Nord nous fournit l'exemple, si le tissage normand ne tend pas à se concentrer, du moins les industriels ont-ils une propension marquée à constituer leurs entreprises en sociétés anonymes, sous l'influence de nos législations fiscales. Depuis 7 ou 8 mois, deux transformations de ce genre ont été réalisées.

Enfin, il importe de mentionner que l'industrie cotonnière du Nord a tendu à venir participer à la fabrication normande. Déjà avant la guerre, cette immigration avait été signalée en ce qui concerne Rouen. Depuis lors, elle s'est affirmée à la faveur de la guerre, non plus seulement dans la capitale normande, mais à Darnetal, à Maromme, à Ouville, à Bernay. Un seul usinier des Flandres a cru devoir fermer ses ateliers avant de rejoindre son pays d'origine, après l'armistice.

Les industriels normands sont peu enclins à laisser connaître le chiffre de leur production annuelle. Si, pourtant, l'on admet que chaque broche livre 2 kil. 800 de fil par mois, ou 33,600 par an, on pourra estimer à 47.000 tonnes le tonnage élaboré par la filature de la Seine-Inférieure et de l'Eure, le tissage fournissant autour de 150 millions de mètres d'étoffes.

Avant la guerre, l'exportation des filés était déjà réduite. Elle ne put être tentée à nouveau qu'en 1920, mais les espoirs entrevus furent bientôt mis à néant. Pour les tissus, la situation ne serait guère meilleure, sans les achats de l'Afrique du Nord et de l'Afrique Occidentale, particulièrement en écrus de l'Andelle. Partout ailleurs, Rouen se heurte à la concurrence anglaise qui a accaparé nos colonies de 1914 à 1918, à l'Allemagne, à l'Italie, dont les prix de revient nous sont interdits.

VI

L'Industrie rouennaise de l'Impression et les Salaires des Fabrications cotonnières normandes

Malgré la substitution habile des tissus de couleur à l'écru, en dépit d'une exceptionnelle diversification de la production, qui englobe les nouveautés, les armures, l'article de Vichy, les valenciennes, les cretonnes, les popelines, les serges, les zéphyrs, les tissus d'ameublement, les flanelles, la lingerie, les calicots, les métis de fil et coton, ou de soie et de coton, les tissus élastiques, les velours, les draps, les tennis, les tissus pour chaussures, pour parapluies, les tissus éponges, le deuil, les mouchoirs, bref une gamme infinie de préparations, la rouennerie a dû lutter énergiquement contre les tendances de la consommation, avide de marchandises bon marché. La guerre, toutefois, l'a momentanément délivrée de cette préoccupation. Mais il est vraisemblable qu'elle devra bientôt compter à nouveau avec le développement envahissant de l'industrie de l'impression, l'indiennerie.

Celle-ci a témoigné depuis 1900 d'une brillante activité, malgré les évolutions de la mode. Si le nombre des machines à imprimer a peu varié (79 à 82) depuis 20 ans, la production a oscillé entre 849.700 pièces de 100 mètres (1901) et 595.670 (1908), avec une moyenne de 750.000 à 800.000, d'une valeur d'environ 40 millions aux cours de 1913.

Présentement on compte 9 établissements d'indiennes, à Rouen, Déville, Maromme, Darnétal, Saint-Aubin-Epinay et Bolbec ; contre 10 en 1912. Ceux-ci disposent de 72 machines à imprimer. L'outillage a donc été réduit, mais il a, par ailleurs, été perfectionné. La commande électrique s'impose de plus en plus. Une ancienne maison, Besselièvre (Maromme), a disparu; toutefois l'impression artistique à la main, qu'elle pratiquait avec un succès reconnu, a été poursuivie par une autre maison, de création récente. Celle-ci ayant délaissé le travail mécanique, le nombre d'appareils à imprimer a fléchi de 11.

L'industrie de l'impression serait fort prospère, si elle n'était en butte à la concurrence d'Epinal, et, depuis la paix, à celle, beaucoup plus menaçante, de l'Alsace, dont les opérations s'orientent toujours davantage vers l'Ouest. L'industrie vosgienne n'a, d'ailleurs, pas hésité à venir porter la lutte en Normandie même, en s'installant à Bolbec (société d'indiennerie des Vosges et Normandie), imitant l'Angleterre qui, de longue date, avait un atelier à Malaunay. Les indienneurs normands avaient créé, pour l'écoulement extérieur de leur fabrication, un comptoir de vente ; son action semble avoir été un peu effacée, et peut-être conviendrait-il, dans la suite, de l'intensifier, surtout en raison de la surproduction alsacienne.

La main-d'œuvre est déficitaire en Normandie comme dans le Nord, particulièrement depuis trois ans. La multiplication des ateliers de confection dont Lille a lieu de se plaindre — 40 nouveaux établissements se sont ouverts en 1922 dans le rayon de Rouen, alors qu'on n'en enregistrait que 12 en 1914 — leur extension unitaire — telle maison occupe 300 ouvrières au siège et 150 à domicile, — la tendance de la femme à ne plus vouloir travailler lorsqu'elle reçoit une pension de l'Etat, les gros salaires alloués aux 2.000 ouvriers de Sotteville (usine de réparations du matériel roulant du réseau d'Etat), qui incitent leurs épouses à se borner à l'entretien du logis, tout concourt à réduire exagérément le personnel féminin disponible. Bolbec est plus favorisé à cet égard que Rouen, sans cependant échapper à cette suggestion.

On ne saurait donc s'étonner que les salaires soient élevés en Seine-Inférieure.

La convention du 28 mai 1920 les a fixés comme suit, avec 1.070 fr. d'augmentation : chargeuses 1,10 à 1,50, batteurs 1,25 à 1,65, débourreurs 1,30 à 1,60, étireurs 1,15 à 1,45 ; fileurs (continus de 500 broches) 1,30, renvideurs de 1.600 broches 1,75, tisseurs 1,53 à 1,62. Le gain horaire moyen s'équilibre à 1,10 pour les dévideuses, 1,15 pour les bobineuses, 1,10 à 1,20 pour les caneteuses, 1,30 à 1,60 pour les manœuvres hommes, 1 à 1,05 pour les femmes, 1,25 à 1,40 pour les ourdisseuses et rentreuses.

En fait, bien que ces gains soient plus modestes que dans le Nord, ils semblent avoir été mis judicieusement en concordance avec l'augmentation du coût de l'existence, qui n'a jamais excédé 400 %, à Rouen, et s'élevait, en février 1923, à 311,50 %. Un nouveau relèvement pourrait d'ailleurs être préjudiciable à la production du rayon.

VII

Flers

L'industrie textile fut instaurée dès le moyen-âge au pays flérois. On le comprend aisément, si l'on veut bien considérer que la campagne d'Alençon cultivait en abondance le chanvre, tandis que les fileurs pouvaient aisément s'alimenter en lins dans le Bas-Maine et l'Anjou. L'époque médiévale, dépourvue de moyens de communications rapides, intronisa, en effet, dans la plus large mesure, l'utilisation et la transformation sur place des matières premières, formule économique aujourd'hui un peu trop oubliée. Il en fut des fabrications textiles comme de la préparation du fer, pratiquée à proximité des dépôts de minerais.

Une circonstance heureuse devait, d'ailleurs, faciliter l'écoulement des produits élaborés, particulièrement en matière de tissus. La Basse-Normandie avait, de bonne heure, institué à Guibraye, dans le rayon de Falaise, une foire dont la réputation ne devait pas tarder à balancer celle de Beaucaire, la plus fameuse du territoire. Les toiles étaient concentrées dans la rue de la Vieille-Mercerie, où elles étaient disputées par les commerçants venus des plus lointaines provinces.

Deux centres principaux pratiquaient alors l'exécution des toiles : Athis, près de Flers, et Domfront, plus au sud. Toutefois, le tissage à la main était également en honneur dans maint village, nombre de cultivateurs faisant, durant leurs loisirs, usage de métiers.

Au XVIIIe siècle, l'industrie de l'Orne occidental — car parallèlement s'était affirmée la prospérité de la toilerie d'Alençon — atteignait déjà un haut degré de vitalité. La Ferté-Macé inondait le marché de coutils renommés, cependant que Flers, Messéi, Athis, Sainte-Honorine-la-Cardonne produisaient des futaines et des coutils pour guêtres ou serviettes.

L'activité de Flers ne s'affirma, toutefois, définitivement qu'au XIXe siècle, lorsque, par une évolution rationnelle, le tissage s'orienta vers la réalisation des coutils fins. Cette fabrication fit la fortune de Flers, et lui assura la prééminence sur la Ferté-Macé. En 1850, le rayon de Flers occupait 33.000 ouvriers, chiffre considérable pour l'époque. L'essor de l'industrie s'accusa de plus en plus. De 6 millions en 1850, la valeur des tissus passait en 1868 à 28 millions.

Mais l'industrie fléroise devait bientôt subir de profondes modifications. Le tissage mécanique allait, peu à peu, faire disparaître les ateliers familiaux, tandis que le coton se substituait au lin pour la confection des tissus, à la suite de la réduction progressive des cultures régionales.

A la veille de la guerre, la filature, qui était apparue trente ans plus tôt, groupait 110.000 broches environ, Alençon compris. Flers même possédait deux établissements pour le fil, avec 50.000 broches, alors qu'en 1904 on n'en enregistrait pas plus de 20.000. 5.600 métiers étaient mis en œuvre par 11.000 ouvriers et ouvrières, dont 3.400 contrôlés par l'Union Industrielle de Flers.

Ces chiffres officiels sont légèrement en désaccord avec ceux de la fabrique, qui n'accusait en 1913 que 4.110 métiers pour le rayon et 8.800 ouvriers, mais il sied de considérer qu'ils englobent le quartier d'Alençon.

Il convient immédiatement de remarquer que, déjà il y a dix ans, l'industrie fléroise, profondément touchée en 1903 par une crise résultant de la hausse des cotons et de la surproduction, avait dû, pour se renforcer, procéder à une concentration du travail. Une société anonyme, dite Filature et Tissage de Flers, avait agrégé les deux filatures fléroises, 4 tissages à Flers, 1 à la Ferté, et même acquis une usine de la Mayenne (Oisseau).

Flers comportait alors six grands tissages au total, la Ferté quatre, plus un certain nombre d'ateliers et des entreprises à façon faisant travailler à la campagne où subsistaient 2.500 tisseurs à la main. Pourtant, M. Devaux, secrétaire de la Chambre de commerce de Caen, pouvait écrire qu'il « ne restait plus guère aux métiers que des personnes âgées qui ne sauraient faire d'autre travail ». La production totale s'équilibrait alors à 52 millions de francs.

La guerre développa, comme il fallait s'y attendre, l'activité du rayon, éloigné de tout théâtre d'hostilités. Les usines travaillèrent à plein, malgré certaines difficultés de main-d'œuvre, mais les expéditions en Amérique du Sud furent naturellement suspendues. Cette prospérité ne devait pas décliner après l'armistice, en dépit du relèvement des salaires, de la pénurie d'apprentis, de la hausse des matières premières, et des charges fiscales.

En 1923, cette expansion se manifestait lumineusement par l'augmentation du nombre de broches — environ 8.000 de plus — en service à Flers, tandis que la Société de Filature et de Tissage de Flers s'était renforcée par l'adjonction de l'usine de tissage du Mesnil-Villement dans le Calvados.

Par contre, on enregistrait la disparition d'ateliers d'artisans à la Ferté-Macé et Calligny. Quoi qu'il en soit, le tissage flérois disposait en 1923 de 3.200 métiers, dont 2.400 pour la société maîtresse, 350, 300 et 100 pour les trois autres entreprises (Duguey-Liénard, Halbout, Patry) et la Ferté-Macé de 800 métiers dans l'ensemble, pour cinq usines, soit au total 4.000 métiers environ.

Dans les 2.400 métiers de la Société générale figure le matériel d'Oisseau et du Mesnil-Villement. Il ne semble donc pas qu'il y ait de sensibles modifications avec l'outillage d'avant-guerre, mais celui-ci a été perfectionné. Le tissage à la main se perpétue de plus en plus péniblement et ne tardera pas à être abandonné.

Au rayon flérois se rattachent la filature de coton de Saint-Pierre-du-Regard, la filature de laine de Fresnes et les tissages d'Athis et d'Alençon. A Flers a été instaurée, en outre, la préparation du tricot de jersey en jumel. Il convient, enfin, de mentionner, ici comme ailleurs, l'extension de l'industrie de la confection, qui comporte trois maisons à Flers.

Les tissages de Flers pratiquent eux-mêmes l'apprêt et la teinture des tissus qu'ils exécutent. Au contraire, à la Ferté-Macé, la teinturerie est réservée à des industriels spéciaux. Neuville possède un important établissement de ce genre. La teinturerie occupe dans le rayon autour de 400 ouvriers.

Après avoir livré des toiles de coton, des tentes et des bâches pour l'armée, l'industrie fléroise a repris ses habitudes de naguère et débite des tissus pour literie, pour corsets, pour ameublement, des doublures de malles et de chaussures, du linge de corps (chemises, pantalons), de l'étoffe pour robes, du linge de cuisine (torchons, vestes, tabliers), des bâches et tentes.

La production pour l'exercice 1920-21 a voisiné 54 millions, 46 millions pour 1921-22, 52 millions pour 1922-23, pour une seule société, autour de 200 millions pour le rayon.

Les produits ne sortent guère de France. Ils trouvent aisément preneurs, même en Alsace, où ils sont prisés. On peut se demander s'il ne serait pas possible d'envisager une augmentation de la fabrication, en vue de l'exportation. L'Amérique du Sud pourrait en effet, offrir à Flers un débouché non méprisable. Mais de graves sujétions interdisent tout espoir de ce côté.

La main-d'œuvre supplémentaire indispensable fait totalement défaut dans la région, dépeuplée par l'alcool, et où l'industrie minière du fer attire les bras disponibles. Pour pallier à l'insuffisance de personnel, Flers a dû multiplier l'élément féminin. Nous pourrions citer telle filature où l'on ne compte que six hommes sur 250 salariés. Le tissage emploie 75 % d'ouvrières. D'autre part, les logements pour abriter les immigrants sont rares, encore qu'on ait installé 80 nouveaux foyers.

L'industrie fléroise paraît donc à son apogée. Mais elle

semble capable de supporter allègrement plus d'une crise, en raison de l'étendue de ses gains de guerre et d'après-guerre, qui ont parfois égalé annuellement le capital effectivement engagé.

Nous ne saurions clore ce premier bilan des textiles bas-normands sans consigner l'existence à Flers d'une fabrique de corsets et à Colligny et Sainte-Honorine-de-Cardonne la création récente d'ateliers spéciaux pour le tissage de l'amiante.

Soyons, en définitive, assurés que, grâce à son glorieux passé, la fabrique de Flers résistera à toutes les traverses, afin que « les vieilles armoires normandes continuent à recéler surtout les produits de choix de la Basse-Normandie. »

VIII

Condé-sur-Noireau

Si le nom de Flers-de-l'Orne a conquis depuis un demi-siècle une certaine notoriété, celui de Condé-sur-Noireau ne semble guère connu que des milieux de l'industrie textile.

Il eut, cependant, son ère de gloire, il y a un peu plus de cent ans, et à juste raison. Il dut, en effet, sa fortune à l'un des hommes qui ont le plus contribué, en France, à l'essor de l'industrie du coton. François Richard était né en 1765 à Epinay (Calvados). Après quelques vicissitudes, il s'associa à un jeune négociant, Lenoir, et entreprit le commerce sur notre territoire des tissus de coton anglais, récemment mis en circulation outre-Manche par Arkwright. Mais son initiative devait l'inciter à produire lui-même le fil et le tissu. Ainsi fut instaurée la prime filature d'Aunay-sur-Odon, qui constitua sous Napoléon le foyer de la fabrication cotonnière nationale. Nous ne rappellerons pas ici les transes du pionnier, après les triomphes du début et sa fin pitoyable.

L'élan était pourtant donné et l'exemple fut suivi. Condé vit s'édifier plusieurs filatures et le rayon développa son activité au point de compter 225.000 broches vers 1850 pour 60 maisons. 7.000 métiers mettaient en œuvre dans la campagne les fils élaborés. Au total, plus de 12.000 ouvriers vivaient de cette industrie, qui représentait alors l'une des richesses régionales. Si Condé a honoré d'un marbre l'amiral Dumont-d'Urville, elle a oublié, hélas ! ce qu'elle doit à Richard-Lenoir, nom que Richard adopta après la disparition de son associé.

Le travail s'exécutait partout à la main dans les tissages. L'outillage mécanique, qui devait révolutionner l'industrie textile, ne fut intronisé à Condé qu'en 1855. Il ne s'imposa pas comme on pouvait le souhaiter, et la fabrique du Calvados aurait peut-être périclité sans l'infusion d'un sang nouveau. Vers 1865, des ouvriers alsaciens, mandés par le patronat condéen, vinrent renforcer l'effectif normand, que l'abus de l'alcool tendait déjà à désagréger. La voie à une immigration de l'Est était ouverte. La prise de possession de l'Alsace par l'Allemagne, en 1871, favorisa l'exode. Il en alla du Calvados comme de Meurthe-et-Moselle.

Cet apport, non seulement assura une main-d'œuvre particulièrement expérimentée, mais elle fit revivre un esprit de discipline, d'énergie et d'opiniâtreté à l'ouvrage, qui allait déclinant. Les progrès réalisés furent remarquables jusque vers 1885, date qui marque l'apogée du rayon.

La régression s'affirma en outre par suite des entraves apportées à l'exportation d'une surproduction endémique, et de la crise cotonnière. Lorsque la guerre éclata, Condé témoignait d'une réelle décadence. Si l'on mentionnait encore 6 filatures en service, 2 tissages étaient abandonnés.

Deux usines ayant été livrées à l'adjudication après décès n'avaient pu trouver acquéreur. La situation n'avait cessé d'empirer depuis que l'inspection du travail enregistrait mélancoliquement que dans les vallées du Noireaud, de la Vère et de la Vire on était frappé par le nombre des usines textiles désertées, démolies pour la plupart et incapables de fonctionner, et cela malgré l'utilisation de l'énergie hydraulique, malgré l'adjonction à la filature du tissage et de la teinturerie, et, enfin, en dépit d'une concentration plus poussée. Néanmoins, le tissage à la main n'avait pas été anéanti. En

1914, cinq maisons occupaient encore 125 ouvriers à cette industrie, pour 300 en 1904. Le nombre total des ouvriers n'excédait alors plus 3.000.

Les hostilités éclatèrent, créant à l'origine le vide dans les ateliers ; mais, avec les besoins de la défense nationale et l'occupation du Nord, Condé trouva dans les circonstances un puissant élément de rénovation, rappelant celui qu'elle devait à 1871. Belges et Flamands furent accueillis avec enthousiasme, on rouvrit les usines avec le concours des industriels du Nord. Un travail nouveau fut même introduit dans le rayon, celui de la laine, avec, pour corollaire, l'exécution du tricot ; enfin la filature du lin fut entreprise. Ce fut une ère de prospérité sans égale, à laquelle participa toute la banlieue de Condé et qui eut l'heure de se perpétuer jusqu'en 1920.

Depuis lors, l'industrie du Noireau a connu des alternatives diverses en rapport avec les événements généraux.

A la fin de 1923, on mentionnait 6 filatures dans le rayon, avec 75.000 broches, 3 filatures-tissages et 8 tissages répartis entre Condé, Saint-Pierre-la-Vieille et Surville ; une filature est installée à Saint-Germain-du-Crioult, une autre à Saint-Rémy et un tissage à Pont-d'Ouilly. 4 tissages à la main ont subsisté d'un passé déjà lointain, malgré sa proximité. Un atelier s'occupe de retordre le lin ; la laine est pratiquée dans un établissement seulement.

La population ouvrière ne représente aujourd'hui guère plus de 2.500 salariés, et l'on peut évaluer à 1.800 le nombre des métiers.

Une des caractéristiques de la fabrique de Condé-sur-Noireau, à notre époque, réside dans le rôle qu'y jouent les industriels du Nord dans la production. Les Rogeau, d'Armentières, ont repris l'ancienne usine Baron ; Jeanson, de Lille, et Desurmont, de Hem, se sont installés sur le Noireau. Ces intrusions ne peuvent avoir qu'un heureux résultat pour l'avenir de la fabrique condéenne.

Condé livre à la consommation des filés de divers genres, couleur ou écru, des draps de coton, des coutils, des armures, des tissus pour le travail, du drap de pantalon, de la toile de tentes, de matelas, de draps de lits, des bâches. Il convient de considérer que cette production est presque entièrement absorbée par la clientèle nationale, comme celle de Flers.

Mais il en résulte parfois une immobilisation excessive de marchandises, et, conséquemment, des capitaux. L'industrie condéenne sera donc fatalement obligée d'envisager de nouveaux débouchés extérieurs. Elle aura également à lutter contre la raréfaction de la main-d'œuvre, qui limite son activité et que l'extension de l'alcoolisme rend de plus en plus menaçante. Un particularisme assez étroit a jusqu'ici présidé à l'industrie du Calvados méridional. Il avait nui à sa vitalité, mais on peut espérer que l'influence des immigrés s'exercera, à cet égard, en vue de l'intérêt commun.

D'un autre côté, l'aménagement hydro-électrique de l'Orne, en cours de réalisation, et qui permettra de récupérer plusieurs milliers de chevaux, favorisera vraisemblablement la fabrication en lui assurant du courant régulier et abondant, à des prix avantageux, inférieurs à ceux d'aujourd'hui. Le succès éphémère de Condé ne doit pas lui faire oublier la rude leçon du passé. La fabrique ne doit pas s'endormir dans une sécurité trompeuse. D'ailleurs, l'exemple douloureux de Falaise, que nous aurons à examiner dans un prochain article, est là pour l'inviter aux évolutions indispensables. Flers a toujours maintenu son activité grâce à d'inlassables conquêtes et à d'incessants redressements. Condé, au contraire, a traversé fréquemment des périodes de dépression et de découragement. Il a même frisé la ruine. Il faut souhaiter que, dûment instruite par l'expérience, l'industrie du Noireau, revivifiée, puise dans ses souffrances dissipées l'esprit nouveau qui seul permet de franchir les obstacles.

IX

Le Rayon de l'Eure

Le rayon cotonnier bas-normand se prolonge vers le sud-ouest jusqu'à Laval, vers l'est il se poursuit à travers l'Eure jusqu'au grand centre rouennais, concurremment avec les préparations lainières, groupées autour d'Elbeuf et de Louviers. Toutefois, l'industrie du coton présente dans l'Eure une physionomie particulière, assez différente de celle que l'on observe dans le Calvados ou l'Orne.

D'une part, en effet, la production est disséminée. Il n'existe plus de centre magistral comme Flers, Condé ou Laval. D'un autre côté, le tissage de l'Eure a tendu à s'orienter, dans certains cas, vers des productions particulières, comme celles des rubans et des coutils.

Les travaux textiles, bien qu'essaimés, ne sont cependant pas répartis au hasard. Ils s'instaurèrent judicieusement dans certaines vallées, soit que les rivières dussent procurer de la force aux usines, soit que celles-ci pussent recevoir par eau des charbons importés par Rouen. C'est ainsi que la cotonnerie se développa dans les vallées de l'Andelle, affluent de droite de la Seine, de l'Eure, de la Risle et de sa tributaire la Charentonne, susceptibles, sauf la dernière, de véhiculer les cotons du Havre et de Rouen.

L'essor des préparations cotonnières fut, d'ailleurs, favorisé dans l'Eure par l'aptitude séculaire des populations à l'élaboration des fils et tissus. De bonne heure, la paysanne bas-normande prit l'habitude de filer au rouet, tandis que les hommes exécutaient, l'hiver, les tissus dont ils avaient besoin. L'industrie drapière, d'autre part, s'était également implantée de longue date dans la région, puisque déjà du temps de Froissard elle était florissante, et ses produits renommés.

Ce n'est pourtant qu'au 18e siècle que les industries du lin et du coton affirmèrent leur vitalité. Le rayon d'Evreux, qui s'étendait sur plus de 40 kilomètres, pratiquait avec succès la fourniture — aujourd'hui abandonnée — du velours lorsque, vers 1760, des industriels clairvoyants introduisirent la fabrication du coutil à lit, en fil, qui prospéra surtout après 1780. Parallèlement, s'installait à Fontaine-Guérard, dans le Val d'Andelle, la prime filature de coton, qui occupa les locaux d'une antique abbaye, dont on voit encore les ruines. Les industries de l'Andelle et d'Evreux devaient poursuivre, ultérieurement, leurs destins dans une complète indépendance.

Il devait en être de même du Bernay, où la rubannerie

s'implanta vers 1783 (Schneider). Au cours du 19e siècle, cette fabrication à laquelle s'adjoignit la casquetterie, devait s'épanouir dans les vallées de la Charentonne et de l'Orbiquet, à Thiberville, où le tissage méthodique s'intronisa après la Révolution, à Dracourt, à Bournainville, à Duranville, à St-Victor-de-Chrétienville, à St-Mard-de-Fresnes, à St-Aubin-de-Scellan, voire jusqu'à Friardel, dans le Calvados. La filature bientôt s'adjoignit au tissage.

Une expansion analogue se produisit dans le rayon de l'Andelle. Après Fontaine-Guérard, ce fut le tour de Fleury-sur-Andelle (les Jumelles), et, plus tard, de Periers, de Romilly, de Perruel, de Radepont, de Charleval. De l'Andelle, l'industrie envahit même la vallée de la Lieure.

Evreux, au contraire, tendit rapidement à concentrer ses opérations, en absorbant les tisseurs à la main de la campagne. Cette évolution assura la prospérité de la fabrique. Mais la mode des produits à bas prix devait provoquer une crise vers 1840, contre laquelle les intéressés ne trouvèrent d'autre ressource qu'une coopération étroite, et l'adoption d'une marque unique. Cette initiative devait sauver Evreux de la décadence imminente. Il convient enfin d'ajouter que Gisors avait été doté d'une usine d'impression, il y a plus d'un siècle, qui fut complétée par une filature en 1816.

Nous atteignons de la sorte le milieu du siècle dernier, époque à laquelle la cotonnerie basse-normande fut remarquablement stimulée par les habiles créations de Pouyer-Quertier, et l'emploi de plus en plus généralisé des métiers mécaniques. L'industrie de l'Eure entrait dans la vie moderne.

En 1900, la vallée de l'Andelle comptait 12 filatures, pourvues de 156.000 broches, et 9 tissages, englobant 2.600 métiers. Depuis lors, une suppression a été enregistrée à Charleval, bien que la guerre ait porté à son maximum la vitalité du rayon. Cette prospérité a été, en outre, affermie par la politique collectiviste — dans le bon sens du mot — des industriels qui, répudiant un particularisme trop répandu, ont uni leurs efforts dans l'intérêt commun. L'Andelle pourvoyait bien d'énergie les usines, et la chute de Radepont permettait de recueillir à elle-seule 250 chevaux. Toutefois, l'insécurité de la production du courant inquiétait les usiniers. Aussi, les syndiqués de l'Andelle ont-ils fait installer une ligne de transport haute-tension sous 30.000 volts, qui amène le courant de Rouen. La possibilité de recevoir des matières premières par eau, au port séquanien de Poses, facilite d'autre part les arrivages et réduit les prix de revient. Il convient également de considérer que la main-d'œuvre — 2.500 ouvriers — est assez bien assurée par le rayon. Néanmoins, l'outillage n'a pas été sensiblement accru depuis dix ans; au contraire, on ne compte pas plus de 9.600 broches et 2.400 métiers.

Evreux avait inauguré en 1863 le premier tissage mécanique du coutil importé d'Angleterre. D'audacieuses initiatives comme l'institution d'un comptoir à New-York, ouvrirent à la fabrique d'Evreux de larges débouchés extérieurs, particulièrement en Belgique, Italie, Russie, Etats-Unis. Cependant, trois usines seulement, appuyées de leur filature, s'adonnent à cette préparation, avec un millier environ de métiers.

La rubannerie de Bernay et de la Charentonne présente un tout autre caractère. Elle s'appuie en partie sur la filature de Brionne sur Risle, dont les deux établissements mettent en œuvre 4.000 broches, actionnées par une station hydraulique de 250 chevaux, partie sur celle de Pont-Audemer (14.000 broches). A Bernay même, on enregistre 300 métiers, à Pont-Audemer 480, à Thiberville 100, à Menneval 1.300, quelques douzaines à Drucourt, Montreuil-l'Aiguillé et Fontaine-la-Louvet. Au total, un millier de métiers en chiffre rond, et 2.000 ouvriers. Le travail à la main a, pour ainsi dire, complètement disparu. On constate, d'ailleurs, la fermeture de divers établissements du rayon à Thiberville, Saint-Philbert, Drucourt, Bournainville, etc.

Il nous resterait à mentionner la filature (14.000 broches) et le tissage (600 métiers) de Vernon, et la réalisation des toiles cirées à St-Georges-du-Vièvre.

Evreux élabore le coutil blanc, l'Andelle la cretonne et l'écru, bien que deux maisons aient introduit la fabrication des tissus fantaisie, le rayon de Bernay les rubans retors, le coton glacé, les sergés, les tirants et cachepoints. Quant à Hondouville, il livre les ouates de pansement.

Les industries procèdent elles-mêmes à leurs apprêts et blanchiments. Il faut pourtant consigner que la Blanchisserie de Thaon a pris la place de l'ancienne Filature de Gisors.

Il est assez malaisé d'évaluer une production disparate et essaimée. Nous savons toutefois que la rubannerie de Bernay occupe six fois moins de personnel que celle de la Loire, ce qui permet d'estimer à 10 millions son chiffre d'affaires. L'Andelle doit traiter autour de 40 millions. Dans l'ensemble, l'Eure cotonnière doit livrer pour 55 à 60 millions de produits. C'est une richesse qu'il seyait de ne pas méconnaître.

X

La Mayenne et Laval

Le rayon cotonnier de la Mayenne constitue le prolongement et l'ultime quartier, vers le Sud-Ouest, de l'industrie normande. A l'heure actuelle, cependant, il n'y a d'autre corrélation entre le centre de Laval et celui de Flers qu'une adhésion commune de principe au grand Syndicat de Rouen. Il n'en fut toutefois pas ainsi autrefois. La Mayenne pratiquait les fabrications textiles concurremment avec l'Orne. On a supposé que la préparation des toiles avait été intronisée au XVIe siècle par des Flamands immigrés. Il apparaît que l'industrie linière avait déjà été en honneur avant cette date, mais le développement du tissage ne fut vraiment réalisé qu'au XVIIe siècle et postérieurement.

Toutes les campagnes comprises entre Domfront et Laval s'adonnaient à l'exécution des tissus, et, sous l'Empire, on compta quelque deux mille ouvriers à domicile, opérant pour le commerce, centralisé à Laval.

Une première évolution fut nécessitée par les progrès du machinisme, à l'aube du XIXe siècle. Menacée dans son existence, l'industrie mayennaise abandonna la toile de ménage pour le coutil. Le travail à la main se perpétua encore pendant plus d'un demi siècle, et il fallut attendre 1875 pour voir installer les premiers métiers mécaniques. L'industrie modernisée prit un grand essor et assura la fortune de plusieurs maisons.

Néanmoins, la prospérité des cotonniers ne devait pas tarder à être compromise. L'âpre concurrence de Flers, en particulier pour les tissus classiques, provoqua la déchéance du rayon de Mayenne à partir de 1902 ; dans le rayon de Laval, le fléchissement ne commença guère que vers 1910.

Le nombre des tisseurs à la main, qui s'élevait à 8.000 environ en 1890, était tombé à 1.500 en 1913. L'augmentation des métiers mécaniques n'avait compensé qu'en partie ce recul. La situation devenait précaire. L'ouvrier se désaffectionnait d'un labeur qui lui rapportait un gain médiocre (deux francs par jour) et le département se dépeuplait de plus en plus.

A la veille de la guerre, l'industrie lavalloise n'occupait plus, au total, que 2.500 salariés.

Une initiative particulièrement heureuse avait, pourtant, facilité la fabrication. Dès 1895, en présence de la raréfaction du tissage à domicile, une industrie avait installé des métiers en caves et les avait reliés à un moteur électrique de son usine, permettant ainsi la renaissance des ateliers familiaux.

La guerre fut pour le rayon de Laval une cause de redressement. La mobilisation avait fait le vide dans les usines, comme ailleurs. Tout travail fut suspendu. Mais quelques fournitures militaires, au bout de trois mois, permirent de ranimer les ateliers. L'occupation des tissages du Nord devait porter à un haut niveau la vitalité de la fabrique mayennaise. La clientèle civile, à son tour, vint accentuer encore l'activité. Cette efflorescence fut favorisée par deux circonstances :

1° Devant la pénurie de bras masculins les producteurs avaient de plus en plus généralisé l'emploi d'une main-d'œuvre féminine, que la guerre n'avait pas atteinte ;

2° Les spécialistes hommes, teinturiers, encolleurs, chauffeurs purent aisément être récupérés à l'aide de réfugiés des régions envahies. Néanmoins, le rendement global fut réduit, en particulier par l'inertie des ouvrières, dont les allocations paralysaient l'ardeur à l'ouvrage.

La prospérité de Laval devait se continuer après l'armistice.

Le rayon s'alimente en fils sur place. Il existe, à cet effet 36.500 broches, réparties entre deux établissements, celui de Bœtz (Société anonyme des Filatures) et celui de M. Duchemin, à Laval, annexé à un tissage. A Fontaine-Daniel, près de Mayenne, la filature, naguère installée, a cessé de produire en 1913. Par contre, on parle d'accroître de 5.000 broches l'outillage de Bœtz.

Le tissage est pratiqué dans 9 usines. La Maison Duchemin comporte 250 métiers ; la Société des Coutils a augmenté son matériel, depuis 5 ans, d'une centaine de métiers. Un des établissements de Laval, Feinte-Hibou, s'est spécialisé dans l'exécution de la literie. Un nouveau tissage a été inauguré en 1923. Enfin, M. Frémaux a importé à Laval l'industrie amiénoise du velours de coton.

Le rayon de Mayenne est en moins bonne posture. On n'y compte guère plus de 60 métiers, sur un total de 850. Il convient, en dernier ressort, de considérer que le tissage à la main poursuit sa régression. On trouverait péniblement, aujourd'hui, 1.100 à 1.200 ouvriers à domicile, encore que les salaires de ceux-ci aient atteint dix francs, c'est-à-dire aient quintuplé depuis dix ans, pour un coefficient de cherté de vie de moins de 400 %.

L'industrie cotonnière du rayon de Laval chiffrait en 1914 sa production à 8 millions par an. Il semble qu'on puisse l'évaluer, présentement, à plus de 50 millions.

Les salaires ont atteint, il est vrai, des hauteurs qu'on ne pouvait soupçonner dans un pays naguère regardé comme privilégié au point de vue des prix de la vie. La femme reçoit de 9 à 14 francs, l'homme de 10 à 18, alors qu'en 1913 l'ouvrière ne gagnait pas plus de 2 fr. 50, l'ouvrier moyen 3 francs.

Ce déséquilibre des prix de revient n'a cependant pas empêché les industries de la Mayenne de faire des fortunes dans l'ensemble.

Pourtant la fabrication cotonnière lavalloise n'est nullement assurée de l'avenir. Certains facteurs concourent à lui préparer des lendemains prospères, soit la venue des producteurs du Nord, qui peuvent lui infuser un sang nouveau, comme celle des Alsaciens a sauvé, après 1872, des industries textiles menacées ; la possibilité de recruter sur place des bras féminins ; l'évolution actuelle caractérisée par des innovations, telles que l'élaboration du matériel de literie.

Mais, en contre-partie, la clientèle extérieure, qui faisait vivre avant la guerre le rayon, tend singulièrement à se raréfier. L'Amérique du Sud comptait parmi les meilleures consommatrices du coton de la Mayenne. Or, elle a créé elle-même des usines, et le jour où le change se redresserait en notre faveur, nos exportations seraient sérieusement compromises. L'Italie et l'Espagne sont devenues des rivales de l'industrie de Laval. Sur le territoire national, la Mayenne doit également envisager la concurrence active de Flers. L'Afrique du Nord, seule, avec ses nouveaux besoins issus de l'enrichissement, peut étendre ses commandes. Les résultats récents ne doivent donc, en aucun cas, être considérés comme définitifs. Demain les peut infirmer.

Toutefois une circonstance nouvelle peut, une fois encore, faciliter une résurgence. De grands projets d'électrification ont été envisagés. On parle de capter 8.000 kilowatts de force sur la Mayenne, où ils sont techniquement disponibles. Il serait ainsi loisible de reconstituer des ateliers familiaux, de décentraliser le travail, d'abaisser les prix de revient. On généraliserait, sous une forme moderne, la formule inaugurée en 1895. On arrêterait l'exode qui pèse sur toutes les circonscriptions agricoles. Peut-être pourrait-on pallier de la sorte à des tendances qui mettent en danger plus d'une de nos industries nationales.

La fabrique de la Mayenne peut souffrir, après ses gains, de crises temporaires ; mais elle doit appréhender avant tout l'insécurité permanente où elle se trouve, et qui a failli, à plusieurs reprises, consommer son déclin.

XI

L'Industrie lainière française

L'industrie lainière occupe dans l'économie nationale une place sensiblement voisine de celle réservée à la production cotonnière. Avant la guerre, on évaluait à 3.212 millions de livres la quantité de matières premières livrées à la consommation, dont 1.102 millions pour l'Australie, 811 millions pour l'Europe, 584 millions pour la Plata, 339 millions pour l'Amérique du Nord et 216 millions pour l'Asie.

La France importait environ 285 millions de kilogr., auxquels s'ajoutaient les 35 millions de la tonte nationale. Nos fournisseurs de 1913 étaient en particulier l'Australie (près de 24 millions de kilogr) et l'Argentine (63 millions). Si l'on observe que nos exportations de laine s'élevaient à environ 81.665.000 kilogr., on voit que nous disposions en 1913 de près de 240 millions de kilogr. En fait nous absorbions normalement autour de 100.000 tonnes de laines lavées à fond.

Nos réceptions ont atteint un peu plus de 173 millions de kilogr. en 1920, et de 144 millions en 1921, nos expéditions s'étant chiffrées respectivement à environ 45 millions de kilogr. et 42 millions. En 1921, nous avons reçu 308 millions de kilogrammes.

Depuis huit ans, l'industrie lainière française, malgré la réintégration de l'Alsace, a donc vu fléchir de plus de 40 % le tonnage de laine mis en œuvre par ses soins, la tonte nationale ayant, en outre, beaucoup diminué.

Par contre, la valeur de la marchandise a considérablement progressé. Tandis qu'en 1913 nos importations excédaient à peine 700 millions de francs, elles étaient évaluées à plus de 2.900 millions de francs, en 1920, et plus de 1.900 millions, en 1921, pour 930 et 988 millions de francs d'exportation. Le commerce des laines porte donc, aujourd'hui, sur une somme de plus de 3 milliards, contre 1.100 millions avant le conflit.

Si, maintenant, nous considérons le matériel de cette industrie, nous remarquons que la France comptait, à la fin de 1922, environ 2.290.000 broches de peigné et 680.000 de cardé, contre 2.680.000 en 1913, date à laquelle elle disposait de 11 % de l'outillage mondial. Un peu plus de 2.000 peigneuses complètent ce bilan, comme en 1913. Rappelons que, dans la période quinquennale 1909-1913, la France exportait en moyenne 26.400 tonnes de peigné (145 millions de francs). Simultanément, elle livrait au dehors environ 10.000 tonnes de fils peignés (80 millions) et 325 tonnes de fils cardés (1.500.000 francs). Nous avons poursuivi ces expéditions après la guerre, mais elles n'ont pas atteint 2 millions 900.000 kilogr. en 1919 et 15.400.000 en 1922. Par contre, nos importations de 1919 se sont chiffrées à environ 1 million 950.000 kilogr. de fils, et celles de 1920 à 1.110.000 kilogr. En 1921 et 1922 nous avons, en dernier ressort, exporté près de 9.750.000 kilogr. et 12.470.000 kilogr. de fils.

Le tissage, qui transforme une bonne partie des fils élaborés dans nos usines lainières, comportait, au début de 1923, plus de 55.000 métiers mécaniques, plus environ 10.000 métiers à bras et 1.400 à tapis, chiffre voisin de celui de 1914, avec, toutefois, un appoint de 6.600 métiers nouveaux pour l'Alsace. A ce point de vue, la France doit avoir installé 12 % de l'outillage réservé à la préparation des tissus dans le monde entier. Notre production totale s'équilibrait en 1912 à 70 millions de kilogr. Nous alimentions l'étranger, de 1909 à 1913, dans la proportion de 8.150.000 kilogr. (100 millions) par an en ce qui touche la robe, et 4.400.000 kilogrammes pour ce qui a trait à la draperie.

En 1922, les envois ont porté sur 13.857.000 kilogr. de draperies et robes, 824.000 de tapis, 2.089.000 de couvertures et 1.214.000 kilogr. de bonneterie. Les opérations ont donc régressé depuis les hostilités, à l'exception de celles relatives à la bonneterie, dont l'essor est exceptionnel.

Si on examine les relevés de 1913 et 1922, on est surpris de constater une régression caractéristique qui s'applique à la presque totalité des pays à change haut par rapport au nôtre: l'Angleterre, l'Espagne, le Canada, le Chili, contrairement à tous les pronostics formulés et à toutes les assertions émises.

Par contre les pays à change déprécié ont singulièrement accru leurs demandes : l'Allemagne, la Belgique, la Turquie, l'Italie, la Roumanie sont dans ce cas. Il y a là un phénomène qui avait échappé à l'attention des économistes, et qu'il importait de souligner.

XII

L'Industrie lainière de Roubaix-Tourcoing

Lorsqu'on étudie une statistique des appareils installés par l'industrie lainière, on remarque immédiatement la place spéciale occupée par Roubaix-Tourcoing et le Nord dans cette fabrication. Sur les 2.025 peigneuses recensées en 1922, 1.265 appartenaient à ces régions, dont 1.238 pour le seul rayon roubaisien et tourquennois. 1.536.247 broches de peigné sur 2.286.809, relevaient de l'industrie septentrionale, ainsi que 170.000 broches de cardé sur 679.131. Enfin 35.055 métiers mécaniques, sur 55.409, étaient au service du tissage flamand, picard et artésien. Ainsi, la région du Nord a accaparé la filature de laine peignée (70 %), abandonnant le cardage à la Normandie, à l'Est et au Midi. Mais on ne saurait oublier que l'industrie lainière a souvent changé d'habitat. Ne l'a-t-on pas vu venir de Sedan à Reims, puis à Fourmies, avant de conquérir Roubaix et Tourcoing ?

Ce n'est, toutefois, pas que l'industrie lainière ait été tardivement instaurée dans le rayon roubaisien, puisque l'histoire rappelle qu'en 1469 Charles le Téméraire concédait aux bourgeois de Roubaix le droit « de licitement draper et faire draps de toute laine ». Mais le développement des fabrications lainières date vraiment de l'introduction de la vapeur dans l'outillage. En 1821, Roubaix-Tourcoing produisaient déjà 77.500 pièces de nankins, en 1827 elles créaient l'industrie du tapis. En 1850, la valeur des tissus exécutés dépassait déjà 50 millions de francs, vingt fois moins qu'aujourd'hui.

Avant la guerre, le peignage mécanique était pratiqué dans

cinq établissements de Roubaix, pourvus de 700 appareils, et dix de Tourcoing (517 machines).

La production était passée de 15.252 tonnes en 1882 à 33.631 en 1902, et 31.022 en 1912 pour Roubaix, Tourcoing enregistrant 28.715 tonnes cette dernière année, contre 12.157 en 1852. Les salaires affectés à ces travaux s'élevaient à 14.600.000 francs dont 8 millions pour Roubaix. 15.000 à 16.000 ouvriers étaient au service du peignage, dont le tiers de la fabrication s'exportait à l'étranger.

La filature avait, de plus en plus, abandonné le peignage, laissant ce soin à des établissement spéciaux. Elle comportait 310.000 broches de peigné à Roubaix (dix-huit usines) et 475.000 à Tourcoing, plus 100.000 broches à retordre à Roubaix (huit usines). En outre, 153.000 broches filaient le cardé, Lannoy participait à ces fabrications. Un matériel de plus en plus perfectionné (continus et renvideurs) avait été substitué aux anciens mull-jennys de 200 broches, et la concentration du travail s'affirmait chaque jour davantage. Le tissage n'était pas moins prospère. En 1914, les quatorze usines du rayon, riches de 18.606 métiers, élaboraient plus de 100 millions de mètres de draperies, nouveautés, fantaisies, robes, etc., associant souvent la laine au coton. Les 2.500 tisseurs recevaient 30 millions de salaires. On évaluait à 300 millions le chiffre d'affaires du centre et à 22.000 chevaux la puissance dynamique utilisée.

La guerre vint troubler cette magnifique activité. Si les établissements furent généralement respectés par les Allemands, le matériel fut réquisitionné ou détérioré, et les ateliers mis à sac. A Roubaix seulement, on a fixé à 13 millions 500.000 francs les dégâts causés aux immeubles, 90 millions ceux du matériel, et 548 millions les dols de marchandises.

La reconstitution, entreprise dès la fin de 1918, fut menée avec diligence, au point qu'au début de 1919 le peignage recommençait à fonctionner. En juillet 1919, la capacité du peignage atteignait 30 % de celle de 1914, 66 % en janvier 1920, 83 % en août 1920. Au début de 1922, le peignage était définitivement restauré. Actuellement, Roubaix renferme six établissements, avec 670 unités, et Tourcoing dix, comme avant-guerre (560 unités). Non seulement, l'usine de M. Lorthiois, détruite, a été rétablie, mais une manufacture nouvelle a été inaugurée à Roncq. Les 13.000 à 14.000 ouvriers attachés à cette industrie reçoivent de 60 à 65 millions de salaires annuels.

L'année 1921 avait été déficitaire, et une grève de 3 mois avait paralysé toute fabrication, mais, en 1922, des demandes suivies ont justifié l'emploi de la triple équipe, ce qui a permis au peignage de dépasser sa production maximum d'avant-guerre. Il est vrai qu'avec 1923 un fléchissement accentué s'est manifesté.

La filature de peigné a suivi une marche parallèle à celle du peignage. On comptait 698.467 broches reconstituées au 1er janvier 1920, 855.351 au début de 1921, 883.410 en janvier 1922, 915.526 au début de 1923.

Les progrès accomplis et l'activité de la fabrique se révèlent dans la statistique suivante du matériel en marche :

	Renvideurs		Continus	
Au 1er janvier	Simple équipe	Double équipe	Simple équipe	Double équipe
1920	442.044	150.156	88.427	17.840
1921	562.448	26.500	94.689	14.800
1922	672.624	47.520	115.725	588
1923	729.065	63.960	144.962	10.180

Ces chiffres témoignent que la restauration de la filature est définitive, avec un nombre de broches plus élevé que celui de 1914. La capacité de livraison des filés excède 40 millions de kilos. Cependant, en 1924, durant le premier trimestre, la production atteignait à peine 50 % du chiffre d'avant-guerre.

Il sied de considérer que la filature roubaisienne et tourquenoise appartient à la très grande industrie. Tourcoing possède la plus grande usine nationale, pourvue de 100.000 broches. La filature de cardé, qui groupe 16 établissements et 153.201 broches, au contraire, n'agrège sous le même toit qu'un nombre de broches plus restreint.

Il convient, enfin, d'observer que cette industrie lainière est exclusivement pratiquée par nos compatriotes. On ne signale qu'une unique exception. A Croix, un peignage dépend d'une société britannique. Nous avons vu qu'une intrusion analogue s'était produite pour le coton dans le rayon lillois. Il est, d'ailleurs, nécessaire d'ajouter que Français et Anglais vivent en excellente intelligence.

La filature de peigné utilise autour de 13.000 ouvriers, celle de cardé 2.500, au total 15.500, pour 14.000 avant le conflit. La main-d'œuvre belge — un quart environ — intervient pour une part importante dans la fabrication, pour le peignage particulièrement. Elle est infiniment précieuse pour l'industrie lainière des Flandres.

XIII

Le Tissage roubaisien et l'Industrie des Tapis et de l'Ameublement

L'activité du tissage roubaisien n'a cessé de progresser. Alors que la production n'excédait pas 60.000 kilos en 1612, 120.000 en 1700, et 1.300.000 en 1810, elle s'élevait 42 millions de kilos en 1910, ou 107 millions de mètres, chiffre autour duquel la fabrication se cristallisait à la veille des hostilités. Sont exclus de ce total les 10 millions de kilos envoyés du dehors à la teinturerie de Roubaix et les livraisons de la banlieue.

Le développement précité résultait surtout de la variété des produits élaborés : draperies, robes, fantaisies, velours, étoffes pour chaussures, flanelles, couvertures, doublures, toute la gamme des lainages. Cependant, avant la guerre, on constatait un léger recul et la fermeture d'un ou deux ateliers, et 8 % seulement des métiers battaient, par suite de la concurrence de Bradford.

Présentement, le rayon Roubaix-Tourcoing, difficile à départager, compte 70 tissages, ainsi répartis :

0 à 100 métiers	....	26
100 à 300	....	15
300 à 500	....	12
500 à 800	....	8
800 à 1.000	....	4
1.000 à 1.400	....	4

Un établissement dispose de plus de 1.400 métiers.

La reconstitution des usines a suivi celle des filatures. Tandis qu'en mars 1920 le rayon livrait 2.250.000 mètres de tissus, en juillet le tonnage avait progressé de 50 %. La production est, aujourd'hui, normale, après avoir connu les vicissitudes de la filature. En 1922, sa prospérité fut remarquable, les industriels ayant leurs carnets de commandes remplis six mois à l'avance. Ce boom eut, malheureusement, comme contre-partie le recul de 1923.

L'industrie des tapis et tissus d'ameublement est indépendante de celle de la draperie et forme un syndicat isolé.

La tapisserie nationale fait battre 1.500 métiers, appartenant à 24 entreprises. Roubaix, Tourcoing, Halluin, Lannoy groupent, à eux seuls, 1.150 métiers et 15 maisons. Le complément relève de Beauvais et Persan (Oise), avec 183 métiers, Paris (213 métiers pour 3 usines), Aubusson (100 métiers, 2 maisons).

La tapisserie d'Orient est concentrée à Paris et Nonancourt (Eure-et-Loir). On évalue la capacité de fabrication de cette industrie à 30.000 mètres par jour, ou 9 millions par an, dont 6.900.000 pour le Nord. Les métiers employés sont de dimensions variables. Pour fixer cette statistique, on a pris comme base le métier de 0,70 de largeur. Au total, la tapisserie mécanique doit fournir pour 180 à 200 millions de tapis.

Roubaix-Tourcoing pratique tous les genres : le tapis dit cloué, en rouleaux, la carpette, le petit tapis de cardé et de laine des Indes, les « foyers » de coton, la descente de lit. Ces villes, par contre, ne s'adonnent pas aux Jacquard, ni aux Smyrne.

La tapisserie roubaisienne est en partie concentrée ; quatre établissements possèdent à eux seuls 900 métiers, soit 400 pour une usine, 154 pour une seconde, 124 pour la troisième, 80 pour la dernière.

L'ameublement occupe 55 maisons sur notre territoire, dans le Nord et à Lyon. Son outillage est constitué essentiellement dans le Nord par 742 appareils à main, 3.062 mécaniques, et 551 métiers double pièces, fabriquant deux pièces simultanément.

Dans le Nord, Roubaix, Tourcoing, Lille, Halluin, Lannoy, Haubourdin, Cysoing et Ascq se consacrent à ce travail. Onze maisons sont dotées de plus de 100 métiers. Cinq ou six du rayon de Roubaix sont particulièrement bien pourvues. L'une peut faire battre 189 métiers à main, 699 mécaniques et 284 double pièces. Telle autre comporte 225 appareils mécaniques et 10 double pièces. Une troisième a installé 175 métiers mécaniques et 46 double pièces. Celle-là accuse 171 métiers mécaniques. Une autre 7 à main, 149 mécaniques et 4 double pièces. Une sixième a 120 appareils mécaniques et 45 à main ; enfin une autre 124 et 25 métiers.

Après avoir poursuivi son œuvre au début du conflit, l'ameublement roubaisien dut suspendre sa marche en novembre 1914. Les Allemands lui enlevèrent 1.250.526 kilos de matières et 2.346.100 kilos de tissus.

Mais les dommages à l'outillage furent, néanmoins, réduits, et au printemps de 1919, la plupart des ateliers furent en état de reprendre leurs occupations. En fin de 1920, la capacité de production atteignait 80 % de celle de 1913. Elle est actuellement normale.

Toutefois, cette industrie a souffert de durs lendemains. En 1922, alors que la draperie connaissait un essor inespéré, elle a végété. Si l'on fait abstraction des velours, la fabrication n'a pas dépassé 30 %. On n'a pu écouler que des tissus bon marché, à base de coton.

La tapisserie fut beaucoup moins touchée. Elle a participé, au contraire, à l'activité du marché. D'où la tendance à accroître le nombre des métiers qui s'affirme. Nous pourrions citer le cas de telle maison qui a porté son matériel de 50 à 150 métiers. Une affaire nouvelle s'est même installée à Tourcoing.

Les diverses industries du tissage exigent autour de 25.000

ouvriers pour le rayon de Roubaix-Tourcoing, soit un peu moins que la filature et le peignage.

XIV

Les Salaires roubaisiens et les Primes à la Natalité

Déjà, en 1913, nous étions contraints de signaler les hausses survenues dans les salaires de l'industrie lainière des Flandres. Il nous fallait relever, de 1903 à 1913, une augmentation de 20 à 25 % pour les fileurs, de 10 à 14 % pour les rattacheurs de Roubaix, de 15 à 20 % pour les peigneurs, tandis que pour les bobineuses et ourdisseuses le gain s'amplifiait de 10 à 15 %. Je dois à l'obligeance du directeur du Consortium de Roubaix-Tourcoing la très suggestive comparaison des rémunérations de 1913 et de 1923.

Le salaire horaire du fileur est passé de 0 fr.55 à 3 fr. 30 (+600 %), celui du grand rattacheur de 0 fr. 42 à 2 fr. 63 (+ 620 %), le bacleur reçoit 1 fr. 20 contre 0 fr. 20 (+ 600 %), la bobineuse 1 fr. 666 pour 0 fr. 235 (+745 %). Enfin, le tisserand se voit octroyer 2 fr. 47, au lieu de 0 fr. 425 (+ 575 %). En un mot, la progression a oscillé entre 500 et 750 %. Combien les relèvements d'avant-guerre paraissent aujourd'hui mesquins !

En 1922, le peignage a enregistré 27.743.474 heures de travail, et la filature de peigné 22.157.067 heures. Quant au tissage, souvent effectué aux pièces, on ne saurait évaluer le temps employé par lui. Quoi qu'il en soit, il a été payé à l'ensemble des ouvriers, en 1922, 271 millions de salaires, contre moins de 50 millions en 1913.

Ces augmentations excessives se justifient, dans une certaine mesure, par la cherté de la vie dans la région d'occupation, et par la pénurie de bras disponibles. Déjà, avant les hostilités, l'industrie avait à lutter contre la disette de main-d'œuvre, qui limitait sa production. La loi de 8 heures est venue encore rendre la tâche des industriels plus difficile.

Le tissage travaillait naguère 10 heures. La loi a réduit sa capacité de fabrication de 20 %. Pour faire battre 200 métiers, il faut, à l'heure actuelle, embaucher 40 ouvriers de plus qu'autrefois. Pour l'agglomération Roubaix-Tourcoing, l'excédent de personnel nécessaire, si l'on veut produire autant qu'en 1914, atteint 5.000 ouvriers environ. Où recruter ce complément d'effectif ?

La main-d'œuvre d'appoint belge ne saurait être accrue, faute de locaux. Jadis, les ouvriers de Belgique logeaient en garni, et regagnaient le samedi leur foyer. Ils sont obligés, aujourd'hui, de franchir chaque jour la frontière, attendu que les hôteliers, enrichis, se contentent de gérer leurs débits et ne louent plus de chambres. Peut-être tentera-t-on d'acclimater des ouvriers polonais ou tchèques, mais il faudra préalablement édifier des cités à leur usage.

Les industriels de Roubaix escomptent, d'ailleurs, un allègement à leurs embarras d'une recrudescence de la natalité. Pour encourager la repopulation, ils ont consenti de sérieux sacrifices financiers. Une prime journalière de 2 francs est accordée à toute famille comportant 1 enfant. Pour 2 enfants, l'allocation s'élève à 5 fr. par jour, pour 3 à 8 fr., pour 4 à 12 fr., pour 5 à 15 fr., pour 6 à 18 fr.

De ce chef, il a été dépensé 15 millions en 1922.

Ainsi un fileur, rétribué au taux de 3 fr. 20, et ayant 4 enfants recevra 25 fr. 60 de salaire quotidien et 12 fr. de prime, soit au total 37 fr. 60.

Aucune tentative de cette envergure n'avait jamais été effectuée en France. Elle fait honneur à ceux qui l'on conçue.

XV

Le Problème de la Matière première et des Débouchés

N'hésitant jamais à aborder les problèmes les plus ardus, et à les solutionner avec élégance, les industriels du rayon se sont également préoccupés de s'assurer la matière première qu'ils transforment. La Chambre de commerce de Tourcoing a ainsi envoyé en mission un ancien éleveur australien, d'origine française.

Sur les suggestions de ce technicien, elle a décidé d'organiser l'élevage du mérinos à Madagascar, sur la côte ouest, près de Tulléar, à Andriandapy, entre Kakchira et Bétroka.

Ce premier essai est commencé. On y acclimatera le mouton du Cap.

D'accord avec les Pères Blancs, elle songe aussi à créer un centre au nord d'Ogadougou (Haute-Volta). Le premier convoi y sera acheminé à l'automne.

Il est enfin question des abords du lac de Guières, au Sénégal, pour un troisième terrain d'élevage.

Pour poursuivre ce programme, l'assemblée tourquenoise a demandé et obtenu le concours financier des intéressés. Lorsque des résultats décisifs seront acquis, les souscripteurs se constitueront en société d'exploitation.

Dailleurs, il ne suffit pas de produire, il faut vendre la marchandise élaborée, donc multiplier les débouchés. A défaut d'un comptoir spécial d'exportation difficile à réaliser vu la variété des produits, la Fédération industrielle de Roubaix-Tourcoing, sur la suggestion de M. Florin, président de la Chambre du tissu, a fondé en 1922 la « Société d'Encouragement pour l'envoi de stagiaires industriels et commerciaux à l'étranger », placée sous le régime de la loi du 1er juillet 1901. Chaudement approuvée par nos agents commerciaux, subventionnée par le sous-secrétariat d'Etat de l'enseignement technique, elle a envoyé, après concours, un stagiaire à Toronto (Canada) et un en Argentine. Un volontaire a également rejoint le Canada à ses frais. Sous peu, des missionnaires seront dirigés sur la Roumanie, la Norvège et l'Egypte. Les pensionnés ou volontaires doivent fournir un rapport mensuel sur les opérations auxquelles ils participent — ils sont placés dans le commerce — la clientèle, les goûts de la consommation, les ressources du pays, les concurrences qui s'y exercent, les marchés que nous pouvons y conquérir.

Ce seront, après un ou deux ans d'apprentissage, d'excellents courtiers pour nos maisons du Nord s'ils consentent à demeurer à l'étranger, ou des chefs de vente compétents s'ils préfèrent regagner la Flandre.

Si les industriels méritent parfois le reproche d'inertie, cette critique ne saurait être appliquée aux lainiers de Roubaix-Tourcoing.

XVI

La Laine à Fourmies et dans le Cambrésis

La Filature

Héritière de la fortune de Sedan et de Reims, Fourmies connut, il y a cinquante ans, une ère de prospérité remarquable ; en 1882, le peignage y comptait 722 unités, et occupait 2.170 ouvriers. Mais la décadence était proche. En 1904, le nombre des appareils était tombé à 220, celui des ouvriers à 660. A la veille de la guerre, les 89 peigneuses subsistant encore, et réparties entre Fourmies et Le Cateau, suffisaient à alimenter la consommation. Des erreurs de tactique, la disparition des acheteurs de laine brute, jadis nombreux, la concurrence de Roubaix, placé plus près des ports de débarquement de la matière première, avaient porté un coup fatal à l'industrie fourmisienne.

La filature était également en décadence. Pourvue de 944.000 broches en 1892, elle n'en possédait plus en 1913 que 848.444, dont 734.682 *self acting*, après avoir enregistré 822.000 broches en 1904. D'ailleurs, les filateurs ne travaillaient plus qu'à façon, sur commande des tisseurs. Le déclin était dû à l'instabilité de la mode qui préférait les fils forts aux fils fins, dont le personnel habile de Fourmies avait la spécialité.

Quant au tissage, riche de 16.976 métiers en 1897, il n'en avait plus que 14.732 en 1904 et 15.246 en 1913. Il convient, d'ailleurs, d'ajouter que la pérennité de cette industrie n'avait été assurée que grâce à la substitution du coton à la laine dans bien des cas, et à la dispersion du travail dans toutes les campagnes du Hainaut et du Cambrésis.

Fourmies produisait en 1910 22.805 tonnes de peigné (160

millions) et 480 de cardé (5 millions), Avesnes et Fourmies, 47 millions de francs de tissus et le Cambrésis de 39 à 40 millions.

Les Allemands commirent dans le rayon des déprédations sans nom, détruisant 651.500 broches de peigné (88 %), 3.000 de cardé (66 %), 1.800 de jute (100 %), 3.720 métiers. La perte totale a dépassé 800 millions.

Aussi la restauration fut-elle pénible, malgré la bonne volonté des intéressés. Au mois de juillet 1920 on signalait la marche de 38 peigneuses, 87.300 broches de cardé, 1.350 de cardé, 1.576 de jute, 704 métiers à laine et 35 à jute.

En janvier 1922, un nouveau pas avait été franchi : 40 peigneuses étaient en service, 241.420 broches de peigné, 1.500 de cardé, 1.576 de jute.

Au début de 1923 le peignage comporta 55 appareils Lister, contre 89 en 1914, mais sa capacité de fabrication (1.400 tonnes de laines peignées, 250 de blousses et déchets) fut identique à celle d'avant-guerre.

La filature disposait, à l'aube de cette année, de 34 établissements, pourvues de 407.238 *self actings*, 77.600 continus marchant avec une équipe unique et 61.590 à double équipe, au total 546.428 broches, plus 50.134 broches à retordre. On comptait alors au montage ou à l'arrêt 56.946 renvideurs et 12.580 broches à retordre, ce qui porte à 603.374 le nombre global des broches à filer ; à 62.714 celui des broches à retordre.

Fourmies comporte 269.535 renvideurs, dont 1.800 de cardé, 32.500 continus et 15.400 broches à retordre, Anor 11.135 renvideurs et 2.800 broches à retordre (2 ateliers), Hirson, 12.000 renvideurs et 800 broches à retordre, Le Cateau 2.800 renvideurs, 8.500 continus, 7.000 retordeuses, Mondrepins 10.600 renvideurs et 1.700 retordeuses, Glageon (2 établ.) 28.000 renvideurs, 68.000 continus et 2.400 retordeuses, Trélon (2 établ.) 96.000 renvideurs, Avesnes 9.600 renvideurs, Ohain 16.400 broches, Wignehies (6 établissements) 63.000 renvideurs, 129.800 continus, 4.000 retordeuses. D'autre part, la Société de filature de la régon de Fourmies, de fondation récente, a agrégé 24 établissements de Fourmies, Avesnelles, Beauvais, Esqueheries, Etrœux,

Fellernes, Etrœngt, la Capelle, Sains du Nord, Saint-Souplet (122.000 broches). Enfin deux filatures sont encore en reconstruction. Il convient de considérer qu'une filature de peigné s'est adjoint, depuis l'armistice, un cardage et il importe d'observer que la fondation de la Société des Filatures qui a notoirement accéléré la reconstitution a singulièrement contribué à la concentration industrielle dans ce rayon.

On mesurera assez exactement le caractère de la filature proprement fourmisienne en constatant qu'un seul établissement renferme 19.200 renvideurs, 5 de 10.000 à 15.000 broches, 4 de 5 à 10.000 tandis qu'une usine a reçu 13.500 continus, une autre 8.000 et 3 de 2 à 5.000.

Présentement, la filature élabore 18.000 tonnes de fils et 500 de déchets, contre 22.000 et 800 en 1913 ; mais on doit tenir compte que la grosseur des fils a augmenté, ce qui concourt, en définitive, à réduire la fabrication dans son ensemble. Il faut également considérer que l'industrie du rayon d'Avesnes se heurte à la raréfaction de la main-d'œuvre comme les industries similaires du territoire.

Le tissage enregistrait en juin 1922 9.808 métiers, installés dans les arrondissements d'Avesnes, Cambrai et Vervins, dont 6.290 en marche appartenant à 40 entreprises. Le premier semestre de 1922 avait été très favorable au rayon puisqu'au début de l'année, on ne comptait que 4.378 métiers battant, pour 7.743 disponibles.

Au commencement de 1923, 6.700 appareils étaient en activité, dans 41 usines reconstituées.

Le tissage régonal est fort disséminé, comme le démontre l'inventaire des établissements que nous avons pu instituer: Anor 446 métiers (en 1913, 350), Boué, 400 (589), Boussières, 253 (361), Briastre, 389 (200), Cambrai, 100 (170), Caudry, 30 (460), Esquéhéries, 159 (158), Etrœux, 190 (245), Beauvois, 100 (216), Glageon, 102 (302), le Cateau, 2.269 (2.322), Le Quesnoy, 235 (230), Masnières, 157 (160), Neuvilly, 438 (530), Poix, 580 (762), Proisy, 150 (396), Rethel, 147 (263), Rieux, 286 (300), Sains-Richemont, 140 (820), Saint-Souplet, 590 (443), Solesmes, 528 (950), Tréton, 200 (274), Butry, 960, Wignehies, 430 (1.035), Andigny, 100, Saint-Michel, 160, Vaux 10 (150), Maretz, 212, Maurois, 230, Guise, 10, Fresnoy, 110, Honnechy, 212, Ligny, 600, Caullery, 20, Asigny, 76, Poix-Châtillon, 100, Busigny, 116 ; enfin Fourmies, 1.412 (915).

On devra remarquer que les localités précitées appartiennent les unes au Nord, les autres au département de l'Aisne et même aux Ardennes.

N'oublions pas non plus que la filature du cardé s'exécute à Solre-le-Château (deux usines) et Fresnoy (Aisne), tandis que le jute est filé et tissé à Sains-du-Nord, et le molleton préparé à Solre.

Quatre tissages n'ont pas achevé leur restauration. Aussi la production de tissus de 1923 peut-elle être fixée à 7.600 tonnes, contre 8.600, et 200 tonnes de déchets, pour 225 en 1914.

Malheureusement, après une année 1922 brillante, l'industrie du Nord oriental et du Cambrésis a souffert du fléchissement général et du manque de bras. Fourmies ne saurait puiser, comme Roubaix, dans le réservoir belge, et cette impuissance constitue une grave menace pour l'avenir de la fabrique fourmisienne. En outre, la mode est aux tissus lourds, comme les gabardines, ce qui ne favorise nullement l'industrie de l'ancien Hainaut. L'initiative et la foi des producteurs du rayon mériteraient un meilleur sort.

XVII

L'Industrie d'Elbeuf

L'industrie lainière de la basse-Seine a une origine fort ancienne, que la plupart de ses historiens paraissent avoir méconnue. L'antiquité du travail de la laine s'atteste, en effet, par l'existence, en l'église Saint-Jean-d'Elbeuf, d'un vitrail offert au sanctuaire en 1446, par les bourgeois drapiers du lieu. Au XVe siècle la corporation avait donc déjà acquis une certaine prospérité. Un siècle plus tard, drapiers et fouleurs pourvoyaient de la même manière l'église Saint-Etienne.

Cependant, des documents antérieurs au XV° siècle indiquent que la préparation du drap y était déjà pratiquée au XIII° siècle et la vitalité du tissage s'affirme par l'exportation des tissus dans le Levant dès 1228. Il est, par conséquent, complètement inexact que la fabrique elbeuvienne ait été instaurée sous l'impulsion de Colbert. Ce qui a pu causer la méprise, c'est que l'épanouissement de la draperie fut effectivement l'œuvre du génial ministre de Louis XIV. Il n'est pas téméraire de supposer que l'exécution du drap fut inaugurée de très bonne heure dans la boucle de la Seine, à la faveur d'un élevage rationnel du mouton de la campagne crétacée, qui se prêtait à cette opération.

La Révocation de l'Edit de Nantes faillit compromettre l'essor d'Elbeuf. Cependant, suivant M. Blin, Elbeuf comptait en 1785 1.093 métiers, fabriquait 18.000 pièces de drap valant 9.500.000 livres, somme fabuleuse pour l'époque, et occupait 24.000 ouvriers.

L'activité d'Elbeuf ne se ralentit pas au XVIII° siècle ; elle atteignit son apogée au XIX° car, sous la Restauration, le rayon livrait la moitié de la production française, évaluée à 50 millions. En 1835, Elbeuf, qui avait habilement transformé son outillage de filature de cardé, s'honorait de 200 fabriques, 20 teintureries, et ses 25.000 ouvriers ne réalisaient pas moins de 70.000 pièces. La nouveauté devait bientôt concurrencer l'uni, jusque là exclusivement obtenu. Le machinisme n'avait pourtant, pas encore révolutionné le tissage. Les premiers métiers modernes ne furent introduits qu'après 1862. Leur adoption fut hésitante. Elbeuf était menacée d'une prompte décadence, en présence de la concurrence nouvelle de Roubaix. Dans l'Eure, la fabrique fut sauvée, comme nous avons eu l'occasion de l'observer ailleurs, par l'immigration alsacienne, consécutive à la défaite de 1870. Grâce à la collaboration d'industriels venus de Bischwiller, les métiers mécaniques furent généralisés, l'usine remplaça l'atelier familial et l'utilisation des blousses substitua progressivement, en partie, le peigné à l'antique cardé.

Cette transformation devait provoquer la diminution du nombre des industriels. En 1890, on n'enregistrait plus que 150 tisseurs, 35 filateurs, autant de teinturiers, 250 commissionnaires en lainages. A la veille de la guerre, la fabrique avait vu fléchir à 31 le nombre des fabricants. Mais ce recul n'impliquait point un déclin manifeste ; il signifiait seulement une concentration plus méthodique. Nous constatons, en effet, que le nombre des métiers mécaniques avait progressé de 1.500 en 1880 à 2.190 en 1908, 2.285 en 1912, 2.273 en 1913. Par contre, les métiers à main avaient pour ainsi dire disparu (6 en 1912). La filature n'avait pas suivi, tant s'en faut, la même courbe. Aux 71.650 broches de 1895 ne s'opposaient que 87.419 en 1908 et 86.920 en 1913 — plus 13.476 à retordre. La population ouvrière avait été réduite à 7.000 personnes.

Nous ne retracerons pas l'histoire de la draperie elbeuvienne pendant la guerre, après la remarquable étude qu'en a faite M. Fraenckel.

Toutefois, nous devons observer que, de même que 1870 avait avantageusement concouru à l'expansion industrielle du rayon, la grande guerre exerça une influence salutaire sur l'avenir de la fabrique.

Naguère un peignage avait été installé à Saint-Aubin (7.500 broches). Elbeuf préférait, on ne sait pourquoi, s'approvisionner de laine dans le Nord. L'entreprise ne réussit pas. L'invasion des Flandres et les attaques contre Reims déterminèrent, en 1916, la Société Anonyme de Peignage de Reims, la plus puissante du monde, à transporter un matériel en danger dans la Normandie. L'usine de Saint-Aubin-Juxte-Boulleng fut mise en service en janvier 1917. Elle fut alors pourvue de quatorze colonnes de laveuse, 60 cardes, 36 peigneuses Lister, et son équipement permettait de livrer 45.000 kilos de peigné par semaine.

Presque simultanément, la filature du peigné était instaurée dans le rayon. MM. Poullot, de Reims, inauguraient en décembre 1916, à Saint-Aubin, une usine de 10.000 broches de filature et 1.100 de retordage. (Etablissements lainiers d'Elbeuf-Saint-Aubin). La capacité de l'usine s'élevait à 2.500 kgs. de fil par jour, en numéros courants. La firme Masurel à Tourcoing et Fourmies, ayant acquis une filature de cardé à Caudebec, l'appliquait à la réalisation du peigné, à l'aide de deux assortiments et de 8.400 broches. Production originelle : 2.000 kgs. de fil.

Elbeuf devait bénéficier par ailleurs du concours étranger. Une maison de Verviers organisait la fabrication des garnitures de cardes (220.000 mètres par an), tandis qu'un groupe franco-espagnol empruntait du matériel à Sabadell pour outiller une filature de bonneterie de 350 kgs. par jour.

Conjointement le commerce de la laine prenait une nouvelle tournure. L'aspect général de l'industrie elbeuvienne a été ainsi considérablement modifié par les événements.

La caractéristique de la draperie d'Elbeuf réside dans sa concentration. A Sedan, les usines sont éparpillées dans 15 ou 20 communes, comme dans le Tarn. A Elbeuf, trois localités, qui ne sont que le prolongement du rayon, se partagent avec le centre les ateliers : Saint-Aubin, Caudebec et Saint-Pierre. Le rayon n'a pas plus de 6 kilomètres de longueur. Il est, par contre, peuplé d'usines.

En 1923, la fabrique était ainsi constituée :

1° La Société de Peinage disposait de 3 assortiments. Chaque assortiment comporte : 1 colonne de laveuse, 20 cardes, 12 peigneuses, 2 lisseuses, 10 gills et 8 finisseuses.

La région comprenait en outre 176 assortiments de cardé, dont 109 à Elbeuf, 21 à Caudebec, 25 à Saint-Aubin, 21 à Saint-Pierre.

2° On comptait 16 filatures et 7.887 broches à Elbeuf, 5 filatures et 29.230 broches à Saint-Aubin, 4 filatures et 13.900 broches à Saint-Pierre. Au total, 28 filatures, pourvues de 143.668 broches, dont 123.000 de cardé. Deux filatures seulement ont installé plus de 20.000 broches, 4 de 10 à 20.000, dont deux à Saint-Aubin. La moyenne des broches est de 1.000 à 3.000.

3° Le tissage comportait : 31 établissements et 2.893 métiers (2.925 en 1924) dont 2.641 dans les 24 ateliers d'Elbeuf 129 dans les trois de Caudebec, 71 dans les deux de Saint-Aubin et 52 à Saint-Pierre (2 maisons).

Elbeuf possède deux usines de plus de 500 métiers et

quatre de 100 à 150, Saint-Aubin n'en ayant qu'une de plus de 100.

On pourra également mesurer la brillante activité de l'industrie d'Elbeuf et sa physionomie, en considérant l'effectif ouvrier de 1923. Une usine d'Elbeuf occupait, à cette date, 1.260 ouvriers, une autre 500 à Saint-Aubin (Société de Peignage), une troisième à Elbeuf (Olivier) 437, Bourgeois d'Elbeuf en utilisait 281, Fraenckel 350, Masurel 270, la Filature de Peigné de Saint-Aubin 317. Enfin l'effectif dépassait 100 ouvriers et demeurait inférieure à 250 dans dix maisons d'Elbeuf, deux de Saint-Pierre et une de Saint-Aubin.

Il importe, d'ailleurs, de remarquer qu'un certain nombre d'industries annexes gravitent autour de la fabrique : 11 batteurs (Elbeuf), 3 effilocheurs (Elbeuf), une bonne douzaine de teinturiers à Elbeuf, Saint-Aubin, Orival, 5 retordeurs à Elbeuf, 4 encolleurs de chaînes, etc...

L'industrie elbeuvienne a, de plus, suscité des fabrications complémentaires. L'adaption du caoutchouc au vêtements est pratiquée à Caudebec par près de 300 ouvriers. La guerre a vu naître une usine de chaussures de drap, dotée des plus récents perfectionnements américains, comme elle donna l'occasion d'instituer un service de carbonisage de la laine, en vue d'enlever chardons et déchets, service modelé sur celui de Verviers. Une entreprise s'occupe aussi du coupage des poils, une autre prépare les feutres pour cardes.

Surtout il convient de considérer que la confection et la chemiserie mettent en œuvre sur place une partie des tissus exécutés. Deux puissantes manufactures se livrent à la fabrication des vêtements, tandis que six chemiseries sont en état de réaliser 350 douzaines de chemises. 600 ouvrières sont attachées à ces travaux.

Le sang nouveau infusé à l'industrie d'Elbeuf, les initiatives heureuses de ces dernières années, l'élan donné par la guerre à la fabrique, des salaires judicieusement moins élevés que dans le Nord, où la vie est plus chère, permettent d'envisager pour Elbeuf des lendemains en rapport avec son glorieux passé. Elbeuf a toujours fondé sa prospérité sur une exportation continue. Les circonstances actuelles, en particulier la dépréciation de notre change, ne peuvent que favoriser ses desseins.

XVIII

L'Industrie linière française

L'industrie du lin fut à la base de la civilisation. Pratiquée en France dès l'origine, elle y acquit une remarquable prospérité, parce que le pays lui fournissait toutes les matières premières nécessaires à son activité. Mais, depuis trente-cinq ans, la culture française a tendu à se restreindre de plus en plus, et d'ailleurs, de longue date, nos liniers avaient dû recourir à des apports de l'étranger.

Le lin n'étant plus récolté en France que dans la Bretagne, la baie du Mont Saint-Michel, l'Anjou, le Maine, la Touraine, le Poitou, la production nationale n'excédait guère 120.000 tonnes de lin en paille ; la production mondiale atteignait alors 1.450.000 tonnes : nous ne livrions donc que le douzième de la fourniture universelle.

Dans ces conditions, nous importions 54.000 tonnes de lin peigné en 1913 et 55.089 d'étoupes ; mais nous exportions des tonnages presque égaux. La Russie constituait le marché essentiel auquel nous nous alimentions. Nos exportations étaient presque exclusivement dirigées sur la Belgique.

Le chanvre est, le plus souvent, associé au lin. Nous n'en recueillions, en 1913, qu'un peu moins de 14.000 tonnes, contre un peu plus de 1 million pour le monde entier, et nous en importions 30.000 tonnes. Notre dépendance vis-à-vis de l'étranger a, d'ailleurs, causé une crise grave durant la guerre, et incité beaucoup de liniers à s'orienter vers le coton. Industrie familiale d'origine, la fabrication linière n'a évolué que tard.

La filature tend à régresser. Tandis qu'on comptait 705.500 broches en 1866, on ne peut plus tabler présentement que sur 400.000 broches. La production était évaluée naguère à 350 millions ; on ne saurait aujourd'hui la fixer exactement.

L'outillage du tissage s'est beaucoup modifié au cours du dernier siècle. Alors qu'en 1873 la France disposait encore de 60.000 métiers à bras, on n'en mentionnait plus que 12.000 en 1922, tandis que le nombre des métiers mécaniques a crû de 17.000 à 22.000 en 1913, pour fléchir en 1923 autour de 20.000.

Si nos importations de fil sont primées par nos exportations, pour les tissus il en va tout autrement, bien que la toile française ait perpétué sa réputation universelle.

L'industrie du lin traverse donc une période difficile, qu'on ne saurait nier. Néanmoins, elle joue un rôle dans l'économie nationale, avec plus d'un milliard d'affaires annuellement.

Deux considérations devront diriger sa politique dans l'avenir. Comme il est impossible de pouvoir tabler exclusivement sur le ravitaillement en lins russes, la production slave étant soumise à des aléas multiples, les liniers devront tendre à reconstituer, sur le sol national, métropolitain ou colonial, la culture du lin, qui fut jadis particulièrement prospère, et n'a été abandonnée que devant les dédains de la filature pour nos produits.

En second lieu, avec la tendance de certains gouvernements à édicter des lois somptuaires, notre exportation, déjà amoindrie, pourrait un jour être compromise : d'où l'absolue nécessité de ressaisir le marché national qui échappe à cette fabrication, parce que ses prix sont élevés. Le danger sera grand lorsque l'Allemagne pourra nous inonder de ses marchandises.

XIX

La Filature du Lin dans les Flandres

En 1913, les rapporteurs du Comité consultatif du lin évaluaient à 575.000 broches l'effectif des broches du Nord, à 60.000 le complément. L'occupation allemande a porté effectivement sur 600.000 broches, relevant de 57 établissements ; d'autre part, 8 filatures, pourvues de 41.000 broches, ont été exemptes de l'invasion. Les Allemands, qui ne pouvaient parvenir à concurrencer cette industrie, se sont montrés particulièrement sauvages vis-à-vis des filatures flamandes. On a pu calculer qu'ils ont détruit complètement environ 200.000 broches, qu'ils en ont volé 35.000, et détérioré 175.000. 25.000 seulement ont été épargnées. La perte a voisiné 2 milliards. Malgré l'étendue des dégâts, la reconstitution a été activée, quoiqu'il ait fallu recourir au concours de l'Angleterre pour le remplacement d'une bonne partie du matériel (150.000 broches). Grâce aux efforts réalisés, à la fin de 1922, 51 usines du Nord avaient restauré 350.000 broches, et occupaient 17.500 ouvriers, 8 usines n'ont pas été remises en marche, 8 ne seront pas réédifiées.

La filature flamande est surtout concentrée à Lille (19 usines), mais on compte 2 établissements à Lannoy, 4 à Armentières, 1 à Lys, 4 à la Madeleine, 5 à Canteleu, 3 à Halluin, 2 à Séclin,Fives et Wambrechies, un seul à Saint-André, Roncq, Tourcoing, Bousbecque, Thumesnil, Quesnoy, Lomme.

Lille renfermait, en 1898, 26 filatures, en 1914, 24.

Parmi les usines démolies et non reconstituées, nous citerons celles d'Halluin (9.000 broches), de Douai (7.400).

Quelques usines comportaient plus de 25.000 broches, avant la guerre : à Lannoy, telle entreprise pouvait faire tourner 40.500 broches ; à Lille, l'une d'entre elles disposait de 28.000 broches, une autre de 44.600, une troisième de 69.000. Cette dernière a été réduite à 30.000 broches.

On a parfois reproché aux filateurs de lin de n'avoir pas précipité le relèvement de leurs usines, comme les cotonniers. Leur politique s'explique naturellement.

Déjà, bien avant la guerre, ils souffraient d'un déficit de la main-d'œuvre angoissant et devaient faire appel à la collaboration belge. Depuis l'armistice, le recrutement a été encore rendu plus malaisé faute de locaux utilisables. D'un autre côté, si les approvisionnements en lins russes et en chanvre italien ont été faciles, les hauts prix des fibres n'ont permis, en 1922, que des bénéfices modestes. Enfin, la filature du Nord appréhende fort, et avec raison, la concurrence belge, riche de 329.000 broches, surtout essaimée autour de

Gand (14 filatures sur 18), la rivalité pernicieuse de l'Irlande, pourvue d'un million de broches de fils fins, et celle, plus jeune, de la Tchéco-Slovaquie (300.000 broches), qui progresse chaque jour.

A la vérité, la filature lilloise du lin, à laquelle on a mesuré au compte-goutte les avances sur dommages, n'est nullement sûre de ses lendemains. On serait indécis à moins.

XX

La Filature du Lin en dehors du Nord

La filature du lin comporte, en dehors du rayon lillois, un peu moins de 60.000 broches, disséminées sur toute l'étendue du territoire national et destinées, en général, à alimenter des tissages annexes. Les filatures sont situées à Frévent (Pas-de-Calais), à Amiens, qui travaille pour l'exportation, à Barentin, près de Rouen, où le coton est allié au lin, à Saint-Germain-du-Vievre (Eure). Rennes, Angers fabriquent de gros fils, comme La Sandrossière (Maine-et-Loire), et les usines de MM. Saint frères, en Picardie. Des ateliers sont installés à Ligugé (Vienne) et Saint-Clair-de-la-Tour (Isère). L'existence de ces entreprises a été facilitée par la possibilité de recruter sur place les bras indispensables, mais leur production a toujours été limitée.

XXI

L'Industrie lilloise du Fil à coudre

Lille, dont l'activité se partage entre le travail du lin et celui du coton, constitue, en outre, le centre de l'industrie française du fil à coudre. Cette fabrication comprenait, en 1914, 8 usines à Lille, 2 à Commines, 1 à Lys-lès-Lannoy (gros fil) pourvues,au total, de 85.207 broches de fil et 20.000

diverses, et occupant 3.500 ouvriers. La production de la filterie atteignait autour de 25 millions, la Somme, le Pas-de-Calais et la Normandie assurant le complément.

Les Allemands détruisirent totalement l'une des usines (Hellemmes) et détériorèent ou volèrent une bonne partie de l'outillage d'élaboration. On a estimé à 32 millions les déprédations causées à l'industrie, qui entreprit sa rénovation au début de 1919. A l'heure actuelle, tous les établissements ont été reconstitués, cependant leur capacité de production ne semble pas dépasser 80 % de celle de 1914.

Une concentration intensive a, d'ailleurs, modifié la physionomie de la filterie. Sept usines ont été groupées sous le contrôle de la Société des Filatures et Filteries de France. Le rayon du Nord ne comprend donc désormais que cinq entreprises distinctes.

Cette fabrication avait tendu à se développer jusque vers 1912. Il n'apparaît pas qu'elle puisse, dans l'avenir, envisager une extension de sa vitalité. Elle se heurte, en effet, comme toutes les industries flamandes, à la disette de main-d'œuvre, et à la concurrence agissante de la filterie belge d'Alost et de la filterie britannique. De plus, elle n'a qu'une clientèle nationale, et parvient difficilement à pénétrer les marchés étrangers. Néanmoins, sa prospérité n'est nullement menacée.

XXII

L'Industrie de la Toile : Lille et Armentières

Le développement de la filature dans le rayon lillois a permis au tissage de la toile, jadis alimenté par des fileurs à mains, de conserver une vitalité exceptionnelle, que seule la guerre de 1914 a momentanément compromise.

Lille, prolongée en l'occurrence par Halluin, Roncq et Linselles, renfermait en 1914, 9.000 métiers pour linge de table, et 3.000 pour coutils, soit à peu près la moitié du matériel réservé en France à cette fabrication. 33 usines s'adonnaient à ce travail. L'ennemi détruisit systématiquement le matériel et nombre d'édifices, et causa pour 90 millions de dégâts (aux cours de 1913).

La restauration fut assez pénible et lente. Ce n'est qu'en 1919 qu'elle put être vraiment poursuivie En juin 1920. 17 usines pouvaient faire battre 4.000 métiers. Au début d'avril 1923, les 51 établissements restaurés ou en voie de rénovation de Lille, d'Haubourdin, de Lomme, de Fives, de la Madeleine, de Wazelles, d'Hellemmes, d'Halluin, de Linselles, de Lillette et de Roncq étaient pourvus de 6.896 métiers pour le linge de table et de service, 1.789 pour le coutil, 1.321 affectés à des usages divers, 329 réservés aux toiles d'ameublement et 732 à la draperie (Halluin), soit au total 11.066 appareils. Il semble qu'il y ait effectivement une tendance à multiplier l'outillage toilier. Une filature a, en effet, cédé la place à un tissage (Lille). Une seule manufacture, à La Bassée, n'a pas été remontée. On ne signale, enfin, qu'un établissement définitivement abandonné à Quesnoy-sur-Deule. Toutefois, la production ne saurait excéder 68 % du tonnage d'avant-guerre. Le déficit provient en partie de la loi de huit heures qui a raréfié la main-d'œuvre, et de la pénurie d'apprentis, disparus depuis 1911.

Les industriels lillois nous faisaient observer, avec infiniment de clairvoyance, qu'en 1914 les bras ne suffisaient déjà pas aux besoins. Or, les hostilités ont supprimé bien des travailleurs, et on ne saurait surtout oublier que les administrations, pour appliquer les huit heures, ont dû emprunter aux usines bien des salariés.

En ce qui concerne Lille en particulier, il convient également de faire entrer en ligne de compte les vides déterminés par l'extension de la confection, véritable pompe pneumatique.

Les mêmes difficultés se rencontrent à Armentières, quoique atténuées.

Le tissage d'Armentières remonte, cependant, à des époques médiévales.

Au XVIIIe siècle, les toiles armentiéroises avaient acquis une célébrité justifiée et la sagacité de la fabrique, qui sut habilement substituer la machine au bras humain, maintint, au cours du dernier siècle la supériorité du tissu. En 1914, on enregistrait 47 établissements importants, avec 15.000 métiers : 8.083 à Armentières, 1.382 à la Gorgue, 989 à Bailleul, 89 à Merville, plus 500 métiers à main. On comptait 4.550 broches de retordage et 61.203 de lin. 15.000 ouvriers peuplaient les ateliers et produisaient plus de 100 millions de tissus. Certaines maisons employaient plus de 1.000 prolétaires, et avaient en magasin jusqu'à 20.000 pièces d'étoffes.

De 1908 à 1913, les expéditions annuelles de la gare d'Armentières s'étaient tenues entre 32 et 35.000 tonnes. L'importance de ce commerce provenait de la variété des produits réalisés : la toile militaire, la toile pour vêtements, le linge de corps et de table, les draps de lit, la toile à voile, les seaux d'incendie, les bandages d'automobiles, les stores, les toiles d'aéroplanes, voire le corset (Bailleul).

Cependant la concurrence belge avait toujours réduit de 2.500 à 4.000 tonnes l'exportation armentiéroise, spécialement orientée vers la vente à l'extérieur des tissus écrus et blanchis. Armentières, La Gorgue, Estaire, Merville, champs de bataille fameux, furent anéantis pendant la guerre. Armentières et Bailleul subirent d'effroyables dégâts (plus de 200 millions rien que pour les immeubles).

On ne saurait donc s'étonner que la restauration du rayon soit loin d'être achevée. A la fin de 1920, on ne comptait que 10 usines rouvertes à Armentières et 6 à Estaires, et 500 métiers en état de marche, dont 250 pour une seule toilerie. En 1921, le nombre des métiers était passé à 1.586, avec 2.172 ouvriers.

Au début de septembre 1922, la filature ne disposait encore que de 1.200 broches, tandis que 4.820 métiers étaient remontés. Toutefois, 4.340 ouvriers seulement étaient utilisés par le tissage, contre 9.410 en 1914.

Dès le début de 1922, les 1.360 métiers de la Gorgue-Estaires avaient été remplacés, à raison de 120 à 150 métiers par maison (9 usines). Houplines-sur-Lys comporte un atelier de 400 métiers, un de 200, un autre ou deux plus modestes. Pour Bailleul, la restauration est encore loin d'avoir été réalisée. D'ailleurs, certaines entreprises ont renoncé, en présence des dévastations commises, à réédifier leurs établissements. La grande corseterie Farcy et Oppenheim a été transportée sous d'autres cieux et l'usine d'élaboration des torchons a été remplacée par une fabrique de métis. Le jour est toujours éloigné où le rayon aura reconquis sa vitalité d'antan.

On ne saurait oublier que la toile flamande, à côté de ses anciens concurrents de Bedford et de Belgique a vu se dresser la jeune rivalité de la Tchéco-Slovaquie, qui a réussi brillamment à imposer son linge à bas prix.

XXIII

Les Salaires dans le Tissage lillois de la Toile

Les exigences de la vie dans le rayon lillois ont déterminé les fabricants de toiles de Lille à signer les 18 novembre 1919 et 24 octobre 1921 une convention avec leur personnel. La durée du travail fut arrêtée à quarante-huit heures par semaine. L'accord de 1919 accordait 1 fr. 20 par heure au bobinage, 1 fr. 30 au cannetage, 1 fr. 40 à l'ourdissage, de 1 fr. 35 à 1 fr. 75 aux tisseurs conduisant deux métiers. Le 8 mai 1921, les rémunérations ont été élevées de 1 fr. 50 à 2 fr. 05, le contrat de 1919 ayant été dénoncé le 1er mars 1920. En outre des primes de vie chère de 0 fr. 20 à 0 fr. 60 ont été accordées. Ces avantages n'ont pas empêché la grève d'avril 1923, qui est venue encore peser sur l'industrie linière de la Flandre française. A coup sûr, des prix de revient excessifs ne sauraient favoriser la conquête entrevue de nouveaux marchés.

XXIV

L'Industrie de Commines

Nous avons dit un mot de la filterie de Commines. La petite ville frontière témoignait avant les hostilités d'une activité remarquable. Elle se consacrait particulièrement à la rubannerie et à la corseterie, partageant cette dernière fabrication avec Lille et Bailleul. Sur 35 millions de francs de corsets exécutés en France, 15 millions appartenaient au département septentrional. La corseterie fut décapitée à Commines et Bailleul au cours des hostilités. A Bailleul, l'industrie ne paraît pas devoir être restaurée. Il en va tout autrement à Commines. Plus de 400 métiers à rubans ou corsets ont été réinstallés ou inaugurés, car une nouvelle usine de 200 métiers a été édifiée sur les bords de la Lys. La renaissance de Werwicq, cité sœur de Commines, a été concomitante avec celle de Commines, grâce à la construction d'habitations ouvrières qui faisaient défaut.

La résurrection de la corseterie du Nord présente d'autant plus d'intérêt que la France exportait naguère plus de 2 millions de corsets, et que de nouveaux débouchés peuvent être envisagés pour cette fabrication.

XXV

Les Batistes et Mouchoirs du Cambrésis

L'industrie des batistes compte parmi les plus françaises dont nous puissions nous honorer. Elle fut imaginée par Baptiste Cantoing, auquel Cambrai a élevé la statue de la reconnaissance. Pratiquée à la main, elle envahit la campagne cambrésienne pendant le moyen-âge et se développa au point que Valenciennes se posa en rivale de Cambrai.

L'habileté des fileuses au rouet, la science des tisseurs perpétuèrent ce travail. Mais, à la suite de la généralisation de la filature mécanique, l'Angleterre tendit à accaparer le marché des fils fins. La fileuse au rouet dut progressivement disparaître. En 1914, il n'en restait qu'un millier dans la région du Nord.

Le tissage à la main, en caves humides, montra plus de résistance. On signalait encore 10.000 tisserands en 1913, contre 20.000 vers 1850. Depuis l'armistice, on ne saurait en enregistrer plus de 2.500 à 3.000.

L'industrie des batistes tendait, d'ailleurs, à se moderniser avec l'intrusion de la machine dans les ateliers. Tandis que le tissage à la main était pratiqué à Avesnes-lez-Aubert, Avesnes-le-Sec, Saint-Hilaire, Rieux, Haspres, Saulzoir, des tissages mécaniques fonctionaient à Avesnes-lez-Aubert, Saulzoir, Haspres, Saint-Hilaire, Cambrai et, un peu plus loin à Caullery, Saint-Waast, Solesmes et Valenciennes. Il convient de remarquer que chaque bourg avait sa spécialité, ce qui facilitait la production. Avesnes s'adonnait plutôt aux tissus forts, Saulzoir au demi-fin, Saint-Hilaire au tissu fin, cependant que Valenciennes et Marly rivalisaient pour les impressions.

L'âpre concurrence française de Cholet et de Gérardmer, celle de Belfast, n'empêchaient pas le Cambrésis de livrer pour 12 millions de tissus et le Valenciennois pour 8 millions. Alors que les produits vulgaires ne pouvaient franchir nos frontières, pour lutter contre les marchandises de Belfast, les tissus fins étaient accueillis avec faveur de l'étranger, des Etats-Unis surtout. Aussi l'exportation se maintenait-elle à un niveau assez régulier.

Les Allemands, qui n'avaient point d'industries similaires, montrèrent une particulière férocité dans l'anéantissement du matériel. Les métiers en bois furent brûlés dans les foyers, les usines bombardées, à Cambrai en particulier.

A la limite de l'Aisne, l'industrie familiale de Walincourt, Gouzeaucourt, Villes-Ghislain, Villers-Outreaux fut anéantie. A Solesmes et Valenciennes, l'outillage fut enlevé. Bref, le Cambrésis seul réclamait en 1919 250 millions pour relever ses ruines.

La catastrophe était d'autant plus grave que l'industrie cambrésienne appartenait à des producteurs nombreux, de fortune moyenne, et n'ayant que des disponibilités restreintes.

Après l'armistice, l'industrie cambrésienne, décapitée, hésita devant ses ruines.

Celles-ci furent péniblement réparées à partir de 1920, et, au début de 1923, les établissements avaient pu réaliser tout leur matériel de 1914, qui comprenait essentiellement, d'après de récents inventaires, 79.600 broches à filer, 19.400

à retordre, et 9.500 métiers pour le seul Cambrésis. Une enquête de la Chambre de commerce de Cambrai, datant de l'aube de 1922 relevait l'existence à Cambrai — après restauration intégrale — de 1.000 métiers mécaniques ou à mains pour les batistes et linons, 1.200 à Avesnes-les-Aubert, 600 à Saint-Hilaire.

La capacité de fabrication en mètres a été estimée à 3 millions de mètres pour Cambrai, 3.600.000 pour Avesnes-lez-Aubert, 1.800.000 mètres pour Saint-Hilaire, 9.000.000 de mètres pour Saulzoir, 600.000 mètres pour Solesmes et autant pour Saint-Waast ; 300.000 pour Revillers et autant pour Villers-en-Conchies, enfin 300.000 pour Rieux et Carnières conjugués.

L'industrie du mouchoir, de son côté, serait outillée pour 1.700.000 douzaines, dont 450.000 pour Avesnes-lez-Aubert, 270.000 pour Cambrai, 170.000 pour Saint-Hilaire, 90.000 pour Solesmes et Saint-Waast, 45.000 pour Rieux et Carnières. Ce n'est pas tout. La lingerie de Cambrai est armée pour débiter 1.500.000 pièces confectionnées, et l'industrie limitrophe de l'Aisne, avec 400 métiers sera en état de livrer 2.400.000 mètres de tissus de coton à broder. Faut-il y ajouter 5 millions de mètres de coton et soie provenant de Bertry, Clary, Ligny et Selvigny ? Encore laissons-nous de côté la tullerie et la broderie de Caudry et du Cambrésis, qu'il y aura lieu d'étudier spécialement et longuement.

Le Cambrésis tient donc dans l'économie nationale une place dont l'opinion ne paraît guère se douter.

Cependant cette industrie est menacée dans ses œuvres vives par l'insuffisance de main-d'œuvre. Les ouvriers s'embauchent plus volontiers dans les chantiers de reconstitution et les briqueteries, jaillies du sol, que dans les ateliers qui ne peuvent leur consentir les mêmes salaires. Le tissage est ainsi pratiqué surtout par des hommes âgés. Les femmes se détournent de la filature parce que le gain du chef de famille leur permet de se reposer.

Cependant les fabricants montrent de l'énergie et de l'initiative et ils espèrent conjurer les éventualités funestes.

Les salaires d'avant-guerre ont été relevés de 480 % selon les uns, de 600 % selon les autres.

La fabrique cambrésienne doit également lutter contre sa concurrente, l'Irlande, qui paie ses fils moins cher, grâce au change, quoique les important de nos Flandres par l'intermédiaire de Courtrai. Les Anglais qui avaient déjà conquis de nombreux débouchés pour les linons avant la guerre ont, profitant de l'invasion, doublé leur capacité de production. Cependant, s'ils réussissent à nous battre pour les tissus classiques, Cambrai résiste victorieusement sur le terrain des hautes nouveautés. En 1922, l'Amérique et l'Italie sont demeurées, à cet égard, de fidèles clients. La Tchéco-Slovaquie est devenue aussi notre rivale pour la batiste. Devant ces entraves, sans doute l'industrie du mouchoir devra-t-elle évoluer et concentrer ses opérations. Socialement parlant, on ne pourra que regretter la disparition de l'atelier familial.

* * *

Nous ne saurions omettre, avant de clore ce chapitre de l'industrie linière du Nord, que le département flamand a été longtemps le centre de l'industrie de la toile à voile. Lille possédait une manufacture pour cette fabrication, Armentières, 2, Dunkerque, 1. Le Pas-de-Calais concourait à ce travail avec son usine de Pont-de-Briques, la Somme avec Forseville. Enfin, dans l'Ouest, 3 établissements, 2 à Angers et 1 à Rennes participaient à cette activité. Deux ateliers, 1 à Armentières et 1 à Angers ont cessé de produire la toile à voiles, et cette industrie ne peut que décliner avec la généralisation de l'emploi de la vapeur ou du bateau à moteur, même pour la pêche côtière.

* * *

L'industrie française de la toile, longtemps indécise et qui s'était un peu endormie dans une sécurité trompeuse, a, devant les aléas de l'avenir, secoué sa torpeur. En vue de s'évader du marché intérieur où elle risquerait d'être étouffée, l'industrie flamande de la toile a créé, à la fin de 1920, une société anonyme par actions, l'Union des Fabricants de toile du Nord.

Les souscripteurs sont autorisés à acquérir un maximum de 21 actions de 100 francs. Le consortium a installé tantôt des agences travaillant sur échantillons, tantôt des comptoirs pourvus de stocks. Pour l'année 1922, l'Union a enregistré 3 millions d'affaires. C'est peu, mais cette louable initiative peut porter de précieux fruits.

DEUXIÈME PARTIE

Les Industries de l'Est et de l'Alsace

I

L'Industrie cotonnière de l'Est

On s'imagine volontiers que l'industrie cotonnière est l'apanage du Nord, quoi qu'on admette que cette fabrication joue un rôle dans la vie économique de la Normandie et de la Loire. Il est rare qu'on se rende vraiment compte de la place qu'elle occupe dans l'Est, même en faisant abstraction de l'Alsace récupérée. Or, Alsace et Lorraine des deux côtés de l'ancienne frontière disposent de plus de la moitié des broches nationales (53 %) et de près de 60 % des métiers. Si nous excluons l'Alsace de la comparaison, il nous faut constater qu'avant la guerre l'Est, de Nancy à Besançon, venait au troisième rang pour l'importance de la population employée par l'industrie textile, et que, en particulier, le département des Vosges était, de toutes nos circonscriptions administratives, celle où l'effectif des ouvriers adonnés à ce travail était le plus dense (1.487 sur 10.000 âmes d'après le recensement de 1906). Le développement de la métallurgie dans le rayon de Nancy ne saurait nous faire oublier l'essor de l'industrie du coton dans la zone vosgienne.

Cette région était cependant naturellement peu désignée pour devenir l'un des centres magistraux de cette production L'éloignement des ports d'importation de la matière première semblait devoir s'opposer à une intronisation de ce genre. Mais le paysan des vallées offrait, pour un modique salaire, ses bras à l'industriel ; les cours d'eau multiples pouvaient alimenter d'énergie les usines éventuelles, et bientôt le rail vint féconder la province. Aussi la filature apparut-elle dès 1806, bientôt suivie par le tissage. Rambervillers, Senones, Saint-Dié entreprirent le travail du coton. En 1848, les Vosges comptaient 237.000 broches, la Haute-Saône 95.000, le Doubs 30.000, la Meurthe 20.000. Cette prospérité se perpétua jusqu'en 1871, époque à laquelle l'Alsace fut isolée de la France. Mais cette amputation, loin de nuire à la vitalité de l'industrie vosgienne concourut à l'amplifier. L'Alsace étouffée vint au secours de la Lorraine meurtrie. Un sang nouveau vint rajeunir la fabrique spinalienne. En 1908, on pouvait établir précisément que, sur 2 millions 800.000 broches et 53.000 métiers appartenant au rayon des Vosges, 978.000 broches et 15.330 métiers relevaient de l'industrie alsacienne, à Belfort, Arches, le Thillot, Epinal, Thaon, etc.

En même temps que s'affirmait cette collaboration cordiale des industries sœurs, la fabrique cotonnière, d'abord confinée dans la montagne, tendait à se rapprocher d'Epinal, du canal de l'Est et de la grande voie de Nancy à Belfort, artère nourricière de la région.

A la veille de la guerre, le rayon cotonnier de l'Est syndiqué comportait 2.900.000 broches pour : 650.346, en 1880 ; 1.480.000, en 1895; 1.850.000, en 1900; 2.759.266, en 1910, et 5.900 métiers (25.751 en 1880, 42.000 en 1895, 49.000 en 1900, 61.199 en 1910). En vingt ans, le nombre des broches avait triplé dans le seul département des Vosges. De 1860 à 1910, il avait quadruplé en ce qui concerne le rayon, et le nombre des métiers avait augmenté de 25 %. La filature avait réussi, après 1895, à assurer la consommation du tissage. En même temps le nombre des chevaux-vapeurs utilisés s'élevait de 54.000 en 1900 à 75.000 en 1910, et 79.950 en 1912.

La guerre rendit la situation de la fabrique difficile. La pénurie de combustibles, le départ des techniciens, la raréfaction des bras, et l'occupation d'une zone comprenant environ 4.600 métiers réduisirent sensiblement la capacité d'élaboration de la région, dont la puissance de production était alors la suivante :

Départements	Broches de fils pures	Broches de fils-tissages	Total
Vosges	842.646	903.258	1.745.904
Meurthe-et-Moselle ...	127.864	85.148	213.012
Haute-Saône	80.016	121.666	201.682
Doubs, Belfort	19.000	191.400	210.400
Total	1.069.526	1.301.472	2.370.998

Tous ces établissements filaient le coton d'Amérique. Il sied d'y ajouter les 480.870 broches réservées au jumel égyptien importé par Marseille et ainsi réparties :

Vosges	234.606	98.682	333.288
Meurthe-et-Moselle ...	9.000	»	9.000
Belfort et Doubs	136.982	1.600	138.582
Total	380.588	100.282	480.870

Mais les laborieux efforts de la Chambre de commerce d'Epinal et du Syndical Cotonnier permirent de résoudre les difficultés, et l'Est put alimenter à la fois l'armée et la clientèle civile. Néanmoins, au lendemain de l'armistice, on enregistrait 20.000 broches de détruites et 9.000 métiers (rayon de Saint-Dié surtout).

On remarquera, toutefois, que les dégâts n'avaient porté que sur la zone orientale du rayon, et que les manufactures de l'intérieur avaient, durant le conflit et malgré d'incessantes difficultés, travaillé avantageusement pour la défense nationale. La richesse de l'industrie cotonnière de l'Est était loin d'avoir fléchi.

Présentement, c'est-à-dire au début de 1923, le rayon renfermerait 3.030.000 broches à filer et 110.000 à retordre. Le Syndicat cotonnier d'Epinal, qui englobe les Vosges, la Meurthe-et-Moselle, la Haute-Saône, le Doubs, la Meuse (2 tissages), s'honore de grouper 2.900.000 broches, pour

3.038.000 exactement le 1er janvier 1914. Le syndicat de Belfort, qui fait bande à part, en agrège 485.000 environ.

Pour les métiers, ils sont au nombre, nous a-t-on déclaré, de 69.000.

On constaterait donc une légère augmentation depuis le début des hostilités. Cependant, il importe de remarquer immédiatement que la reconstitution n'a pas été définitivement terminée, faute d'argent et devant l'insuffisance de la main-d'œuvre, fort en recul. D'un autre côté, on doit considérer que, jusqu'en 1914, l'effectif des métiers s'accroissait, en moyenne, de 1.000 à 1.200 par an. La progression a donc été singulièrement plus limitée qu'autrefois. Il faut, enfin, observer que les quatre cinquièmes seulement de l'outillage fonctionnent actuellement.

Si l'on veut mesurer le caractère intrinsèque de cette industrie, on devra se reporter aux statistiques du matériel par établissement. Celles-ci révèlent que dans les Vosges, la Meurthe-et-Moselle et la Haute-Saône, 21 manufactures disposent de moins de 25.000 broches, 21 également de 25 à 50.000, 3 de 50 à 75.000, 3 de 75 à 100.000, 5 de plus de 100.000. La fabrique cotonnière spinalienne peut donc s'enorgueillir de participer à la très grande industrie. Dans le rayon spécial de Belfort, 7 usines ont moins de 25.000 broches, 8 de 25 à 50.000, 3 de 50 à 75.000. Depuis 1914, un seul établissement, pourvu de 12.000 broches, a disparu.

Les tissages sont, en principe, beaucoup moins puissants que les filatures, 36 possèdent au-dessous de 200 métiers, 49 de 200 à 500, 23 de 500 à 1.000, une douzaine plus de 1.000 appareils.

Peu de changements ont altéré la physionomie de la fabrique cotonnière de l'Est au cours des dix dernières années écoulées. Toutefois, de plus en plus, la Société anonyme par actions a tendu à se substituer à l'entreprise individuelle du passé, qui se heurtait à de graves sujétions lors des partages.

Alors que rares sont les affaires cotées en bourse de Lille, la Bourse de Nancy opère des transactions régulières sur une cinquantaine de valeurs de Sociétés de textiles. Ceci nous incite à en étudier de plus près un certain nombre dont on pourra ainsi apprécier les ressources et les rapports avec la production alsacienne proche, mais rivale.

II

Filature et Tissages vosgiens

De par ses origines, l'industrie cotonnière de l'Est est fort disséminée. Les usines les plus nombreuses occupent les hautes vallées de la Moselle (Bussang, Saint-Maurice, Le Thillot, Fresse, Rupt, Ramonchamp, Vecoux, Saint-Etienne, Eloyes, Pouxeux, Jarménil, Arches, Epinal), de la Moselotte et de ses tributaires (La Bresse, Cornimont, Ventron, Saulxures, Vagney, Saint-Amé, Rochesson, Le Tholy), de la Vologne (Granges, Aumontzey, Lepanges, Chenimenil), de la Meurthe (Plainfaing, Fraize, Saulcy, Saint-Dié), du Rabodeau (Moussey, Le Saulcy, Petite-Raon, Senones), de la Plaine (Raon, Allarmont, Celles), de la Niche (Raon-aux-Bois), et de la Combeauté (Val d'Ajol).

Mais les zones de plaines ont été plus récemment peuplées d'ateliers. Golbey, Thaon, Igney, Noméxy, Vincey, Charmes et jusqu'à Rambervillers et Mirecourt ont reçu des usines prospères.

Meurthe-et-Moselle comprend des centres cotonniers comme Blamont, Blainville, Saint-Nicolas-du-Port, Lunéville ; la Haute-Saône opère à Lure, Raddon, Héricourt, Luxeuil, Ronchamp ; le Doubs à Montbéliard, Audincourt, Beaume-les-Dames, le territoire de Belfort à Danjoutin, Valdoie, Rongegonte, Etueffont-Bas, Rougemont, Giromagny, la Meuse à Bar-le-Duc.

Tandis que les particuliers exploitaient il y a une dizaine d'années la quasi-totalité des ateliers, les sociétés en nom collectif ou anonymes réunissent aujourd'hui près de la moitié de l'outillage lorrain et franc-comtois.

La Société alsacienne Gros et Cie, datant de 1865, file et tisse au Thillot (capital, 4 millions). A Giromagny est installée la Société Boigeol (1.500.000 fr.), dotée de 40.000 broches et 1.200 métiers, depuis l'absorption, en 1916, des Etablissements Boigeot et Japy. Elle se propose d'accroître son matériel de 20.000 broches nouvelles. Les Filatures de l'Est (Anc[t] Alfred Marchal) utilisent 75.000 broches et 2.200 HP, à Lunévillle, et se sont transformées, en 1920, en société anonyme au capital de 5 millions. La commandite Ch. Etienne fait battre 420 métiers à Fresse (Haute-Saône), avec un capital de 650.000 fr. La filature de La Vologne (Cuny, Molard et Cie), riche de 6.230.000 francs, a fusionné trois firmes prospères, et occupe 223.000 broches à Laveline, Thaon et Bayon.

A Plainfaing et Fraize, 150.000 broches et 2.500 métiers dépendent des Etablissements N. Géliot et fils, datant de 1908, et constitués en société anonyme au capital de 16 millions, tandis que la Société Cotonnière H. Géliot, de Saint-Etienne-les-Remiremont (1899), a réuni 3.600.000 francs pour le travail du coton.

La plus puissante compagnie avec Thaon, la Société Dollfus-Mieg, de Mulhouse (40 millions), prépare à Valdoie (35.000 broches), du fil à coudre et des cotons à broder réputés. A ses côtés, la Société française de cotons à coudre (Cartier-Bresson) remontant à 1824, (9.200.000 francs), emploie 1.250 ouvriers à Celles-sur-Plaine (Vosges) et Azerailles (Meurthe-et-Moselle). L'industriel de Colmar, Kiener, a fondé une société au capital de trois millions et demi qui groupe à Eloyes 14.200 broches et 1.100 métiers. Avec 3 millions, la Société Cotonnière de l'Est travaille à Vincey, où elle a placé 92.000 broches. Ce sont encore des Alsaciens qui régissent la Filature de la Gosse (2.100.000 fr.), dont les 74.000 broches sont spécialisées dans le Jumel égyptien.

Des Nancéiens gèrent la Cotonnière de Mirecourt, datant de 1901, et exploitant à Poussay, 30.000 broches et 640 métiers pour l'obtention de tissus fins (capital deux millions).

Il y a vingt-deux ans, fut également créée la Cotonnière Lorraine (2.502.000 francs), particulièrement adonnée à la fabrication des flanelles et zéphyrs, pour laquelle elle disposera à Val et Châtillon (Meurthe-et-Moselle) de 22.000 broches et 640 métiers après sa restauration, car elle fut l'objet des sévices des Allemands.

Les 50.000 broches (33.000 en 1914) de la Société de Cheniménil filent du coton d'Amérique depuis 1900 (capital 1.700.000 francs).

La famille Bourcart, de Guebwiller, fut à l'origine de la Société des Etablissements de ce nom, dont les 30.000 broches sont en service à Montbéliard. Cette entreprise, au capital de 1.800.000 francs, comporte, outre la filature, le retordage, le blanchiment et le glaçage.

La firme Kuhlmann avait fondé, en 1871, à Epinal, une filiale (1.500.000 francs), de sa Compagnie de Mulhouse. Elle opère, aujourd'hui, à Arches et à Bar-le-Duc avec plus de 1.200 métiers.

A Senones, les Etablissements Larue (capital deux millions), ont quinze ans d'existence, et compteront 30.000 broches lorsque les déprédations de l'ennemi seront réparées. L'usine n'a pu être remise en activité qu'en décembre 1922.

Les Filatures de Blainville-sur-l'Eau (trois millions), sont pourvues de 45.000 broches, tandis que les Filatures et Tissages des Enclos, à Moyenmoutier, inaugurées par MM. Kempf, et à Saint-Maurice-sur-Moselle, possèdent 38.000 broches et 586 métiers (27.000 broches en 1914).

Il faut encore mentionner la Filature de Coton de Rambervillers (800.000 francs, 23.000 broches à Blanchefontaine), les Filatures et tissages de Saint-Nicolas-du-Port (5.111.000 francs), qui ont remplacé l'entreprise Ancel et Marcot, conçue en 1849. A Varangeville et Saint-Nicolas, la Société a installé 12.000 broches à filer, 1.700 à retordre et 305 métiers.

La crise de l'industrie lainière a orienté vers le coton la Société du Thillot. La filature des Mousses, au Val d'Ajol, ne travaille guère que des déchets, mais compte, cependant, 37.000 broches. Citons encore, à Epinal, l'affaire David et Maigret (45.000 broches).

Deux modifications assez importantes ont été enregistrées depuis la guerre. Le groupe Boussac-Hartmann a recheté la filature de Thaon, jadis à Paul Cuny, le tissage Ziegler de Golberg, les Etablissements Peters de Nomexy et le tissage de Julienrupt. La nouvelle Société anonyme qui régit ces ateliers comprend, aujourd'hui, 140.000 broches et 2.400 métiers.

Aux anciennes Sociétés précitées fonctionnant en 1914, il convient d'ajouter la filature de Béchange, à Remiremont (1 million 26.000 broches). Bechmann, à Blamont (20.000 broches, détruites en 1914), la nouvelle filature de Cernay, constituée en 1920 pour la restauration de deux entreprises, les Etablissements Dollfus, àBelfort (700.000 francs), la Cotonnière de Faymont, datant de 1920 (deux millions), le Tissage Hartmann, d'Epinal (1921, un million), la Société Japy d'Audincourt (capital 1 million), la Société des Etablissements Mongel, à la Bresse (2.016.000 francs, 888 métiers), les Etablissements Nanse (capital 3 millions), de Saulcy-Senones (1920), la Société Perrier, de Cornimont (12.096.000 francs, 1.500 ouvriers).

Notons qu'une seule usine, de 42.600 broches, a été inaugurée depuis 1913, celle de Demangeville (Haute-Saône), dépendant d'une Société au capital de 2 millions.

En principe, les Sociétés lorraines n'exploitent qu'une ou deux usines tout au plus. Cependant, la Société de la Vologne en gère trois, Laveline, Roville et Schlestadt (Alsace), le groupe Boussac 4, Laederich 6, le groupe Perrin 7. La fabrique cotonnière vosgienne présente un aspect bien différent de celles du Nord et de la Normandie.

III

L'Impression à Épinal

L'industrie cotonnière de l'Est se complète d'une industrie de l'impression, qui ne laisse pas de porter ombrage à celle de la Normandie.

Apportée de Mulhouse par Boeringer après 1870, l'impression se développa en Lorraine, et compte, présentement 30 machines, appartenant à une entreprise unique, la Société d'impression des Vosges et de Normandie, au capital de 3 millions, instituée en 1912 pour fondre les Etablissements Boeringer-Guth et Cie, d'Epinal, les Indienneries françaises de Bolbec et la maison Japins, de Cloye, près Paris.

L'Est possède, de ce chef, 28 % de l'outillage français de cette fabrication, en faisant abstraction du formidable matériel alsacien.

IV

L'Industrie de Saint-Dié

L'industrie de Saint-Dié, d'ailleurs constituée en Syndical indépendant, bien que rattachée au grand groupement cotonnier lorrain, doit faire l'objet d'un examen particulier. De longue date, le tissage à domicile fut florissant dans les campagnes situées aux marches de l'Alsace, mais la laine, le lin et le coton étaient simultanément employés pour l'exécution de la draperie de robes, des coutils et des « buffelines-balbelines » dans lesquelles le lin et le coton étaient alliés dans la trame.

Le métier à main céda la place au métier mécanique vers 1864, et, après 1870, le coton évinça le fil, assurant à la fabrique de Saint-Dié un espoir insoupçonné. Vers 1900, 12 tissages et 1.800 métiers environ élaboraient dans ce petit rayon des tissus de coton teints que la consommation acceptait avec satisfaction comme des métis de laine et de lin. L'industrie de Saint-Dié occupait 2.000 ouvriers et livrait pour 2 millions de marchandises.

Elle comporte en 1923, 11 fabriques avec un nombre de métiers voisin de celui de 1913. Toutefois, le phénomène de concentration déjà signalé s'observe à Saint-Dié comme ailleurs. La Société des Tissages réunis a acquis et agrégé plusieurs maisons, laissant subsister pourtant la Retorderie et Filterie de Saint-Dié (500.000 fr.). La Teinturerie et Retorderie de l'Est (1 million), la Filature de la Vaxenaire (1 million) et quelques autres.

Il sied de rattacher à ce travail la bonneterie de coton, qui, elle aussi, opéra à l'origine sur la laine après 1850, et se consacra exclusivement au coton après 1855, tout en maintenant aux produits, jerseys, gilets, caleçons, l'aspect de la laine. La bonneterie de Saint-Dié absorbe un millier d'ouvriers comme autrefois.

V

Main-d'œuvre et Salaires vosgiens

Il est assez malaisé de fixer le personnel de l'industrie cotonnière lorraine. On évaluait, toutefois, en 1914, l'effectif prolétarien à 100 ouvriers par 20.000 broches de filature, soit 15.000 ouvriers environ, et 1 ouvrier par 1,75 métier, ou 37.350 tisserands. Il ne semble pas que la main-d'œuvre ait augmenté. Tout au contraire. Aussi a-t-il fallu donner à l'ouvrier fileur un plus grand nombre de broches. Pour les métiers, comme les bras faisaient défaut, on a dû avoir recours à un matériel automatique, et l'outillage à main a disparu.

Dans la vallée de la Moselle, le personnel du tissage a consenti à conduire 4 métiers, ailleurs, il s'est obstiné à ne contrôler que 3 appareils.

Ce n'est pourtant pas que le patronat ait refusé d'améliorer le gain des salariés. Déjà de 1893 à 1913, les rémunérations avaient augmenté de 25 % environ. Les fileurs recevaient en 1914, de 4 à 5 francs, l'ourdisseuse de 2 fr. 70 à 4 francs, le rattacheur de 2 fr. 75 à 3 fr. 40, le soigneur de 2 fr. 35 à 3 fr. 20, le tisserand de 3 francs à 4 francs pour 2 fr. 50 à 3 fr. 25 en 1904. Ces salaires journaliers s'entendaient pour 12 heures en 1904, 10 heures en 1913.

En septembre 1919, le patronat devait consentir de nouveaux traitements. Une convention signée par les industriels et les syndicats ouvriers le 10 septembre 1919 adoptait la semaine de 48 heures, et les prix horaires que voici : fileurs, 1 fr. 45 ; rattacheurs, 75 à 80 % de la paie des fileurs ; soigneurs, 8 fr. 65 par jour ; bobineurs, 45 à 55 % du taux des fileurs ; tisserands moyens 1 fr. 30 pour 4 métiers ; 1 fr. 08 pour 3 métiers. Les ouvriers urbains devaient recevoir une majoration de 7 % sur ces tarifs. Une majoration supplémentaire fut successivement portée de 10 % à 25 %, puis 35 %. Ramenée à 20 %, elle fut de nouveau élevée à 25 %, sans avoir satisfait complètement l'ouvrier. C'est qu'en effet la vie dans les villes est onéreuse, et la crise du logement sévit avec intensité partout. D'où la nécessité de construire des cités, actuellement insuffisantes. Les prix de la construction ont suspendu l'édification de logements projetée.

VI

L'Organisation de l'Industrie lorraine et l'Exportation

Handicapée par sa position géographique et de lourds frais de transport, l'industrie cotonnière de l'Est a dû sa vitalité à sa parfaite organisation collective. Le syndicat cotonnier d'Epinal fut institué dès 1872. En 1913, il groupait déjà plus de 2 millions de broches et 4.500 métiers.

Les services qu'il a rendus à la fabrique vosgienne ont été immenses. On lui doit, à la vérité, l'installation de la blanchisserie et de l'imprimerie, la création de l'Ecole des Textiles à Epinal, ouverte en 1905, et pourvue d'un matériel complet et des études économiques de haute valeur.

L'industrie vosgienne ne saurait s'accommoder du seul marché national. Pour conquérir nos Colonies, la Chambre de Commerce d'Epinal avait jadis demandé au Parlement de généraliser à toutes nos Colonies le tarif de 1892, qui donnait à nos producteurs un quasi-monopole, dans tous les territoires où il était appliqué. La taxe « ad valorem » adoptée pour l'Afrique occidentale ne pouvait nous protéger contre la concurrence anglaise, qui trouvait moyen d'éluder nos lois fiscales, de même que la Tunisie échappait, en partie, à notre action. Depuis l'armistice les cotonniers ont obtenu la sujétion de la Tunisie au tarif métropolitain de 1892, avec majoration de 300 % et certaines améliorations en A. O. F. Ils attendent davantage.

Mais comme il ne faut pas se reposer sur l'Etat du soin de résoudre tous les problèmes, un certain nombre de producteurs ont fondé, en 1919, la Société Centrale Cotonnière de l'Est, à capital variable, réunissant 10.000 métiers. La même année, un Comptoir Général d'exportation a été institué sous l'égide de M. V. Tenthorey (capital : 1.200.000 fr.), lequel associe 3.000 métiers. Ces institutions n'ont pas entraîné la disparition de l'ancien Comptoir d'avant-guerre, peu actif depuis le conflit.

VII

L'Industrie linière des Vosges

Le département des Vosges ne se contente pas de consacrer au coton le meilleur de son activité. L'industrie linière y a conquis une notoriété de bon aloi. Il y a lieu de ne pas oublier que le lin fut autrefois utilisé à Saint-Dié et ailleurs, mais, à notre époque, la fabrication de la toile s'est confinée dans le rayon étroit de Gérardmer. Le filage au rouet, à la veillée, s'instaura de bonne heure, d'autant plus naturellement que les paysans semaient du lin dans leurs champs et le rouissaient. Les villageois de la vallée tissaient eux-mêmes le linge du ménage et des vêtements.

Le tisserand de métier s'installa à l'aube du XIXe siècle. Il vendait ses produits sur les marchés de Vagney et de Bruyères. Mais bientôt furent introduits dans la fabrication des fils du Nord, tandis que l'outillage local se perfectionnait.

L'Alsace ayant été fermée à l'industrie de Gérardmer après 1871, les producteurs durent conquérir de nouveaux débouchés ; la toile de Gérardmer se répandit en France et au dehors. Le machinisme modifia, peu après, la physionomie du rayon. Le tissage à la main déclina rapidement : de 1.200 à 1.300 métiers, le nombre tomba en 1912 à 400 environ. Mais, simultanément, s'élevèrent des usines pourvues de « ratières » pour l'élaboration du linge de table. La production se concentra et se perfectionna. La confection de la toile fut entreprise par la fabrique et assura sa pérennité.

En 1915, on enregistrait autour de 850 métiers, dont 200 à Julienrupt, 40 à Saint-Jean-d'Ormont, 23 au Val d'Ajol, 7 à Vagney, et le reste à Gérardmer, le Tholy et Kichompré.

Ils utilisent souvent, avec le lin, le chanvre et parfois le coton, mais n'emploient plus que des filés d'importation. 5 établissements concentrent des dizaines de métiers. Les principales entreprises sont, en première ligne, la Société Garnier, Thiébault et Cie (cap. 2.500.000 fr.), la Société de la Jamagne (1.200.000) et les Etablissements de Julienrupt (1.500.000). La production qui atteignait 6 ou 7 millions en 1914, doit voisiner 30 millions en 1923. Sans doute les 850 métiers à toile de l'Est font modeste figure auprès de ceux de Lille et d'Armentières. Toutefois, le linge vosgien, blanchi au pré, naturellement, présente des qualités exceptionnelles.

L'industrie de Gérardmer est malheureusement mal placée pour son ravitaillement. Il est regrettable que la culture du lin, tentée à nouveau en 1906-07 et 1909-10 par un consortium des industriels, les essais coopératifs entrepris avant guerre, les livraisons de graines faites en 1912 aux paysans aient été interrompus trop tôt. Gérardmer pourrait un jour payer cher son éloignement des centres de fabrication du fil.

VIII

La Confection en Lorraine

Le développement de l'industrie du coton dans l'Est a, de longue date, déterminé l'essor de la confection. Dans toutes les campagnes des Vosges, de la Haute-Marne, de Meurthe-et-Moselle, la femme se consacre à la préparation du linge ouvré et des « finettes ». Le travail est exécuté à façon, pour le compte de puissantes entreprises. Nancy et Epinal sont, aujourd'hui, les centres principaux de cette fabrication. Le linge à la main est entièrement élaboré par les paysannes, tandis que les industriels-négociants font confectionner dans les ateliers urbains les pièces à la mécanique.

Cette industrie a trouvé son expansion définitive avec la fermeture des couvents et ouvroirs religieux qui alimentaient naguère les grands magasins nationaux. Il est bien difficile de chiffrer l'importance de cette production pour le rayon lorrain. Toutefois il est avéré qu'elle dépasse aujourd'hui 150 millions par an. Elle prolonge heureusement l'industrie cotonnière et linière à laquelle elle assure un débouché immédiat.

IX

L'Industrie lainière de Lorraine

L'industrie lainière, jadis achalandée dans l'Est y témoigne d'un recul caractéristique. En Meurthe-et-Moselle, Nancy a perpétué une fabrication apportée avant 1871 par des Messins, mais la production de la flanelle et du molleton a été remplacée par celle du drap pour chaussures, pratiquée à la machine postérieurement à 1880. La préparation des tissus pour jupons, et des chaussons de laine a été adjointe à la précédente. Aussi Nancy a-t-elle pu porter sa fourniture à 50.000 kilos par an, d'une valeur de 25 millions (8 millions en 1913). Longwy (La Roche) et Pierrepont concourent également à l'exécution des lainages.

Dans les Vosges, on rencontre aussi quelques exploitations, la Société Amos et Cie, à Laneuville-lez-Raon, qui a pris la succession de la maison Francin, en 1912, la Société des Tissus de laine des Vosges, au Thillot (1 million, 720 métiers), la Société des Feutres de Gérardmer (350.000 francs), mais la manufacture de panne d'Archettes a été déclassée par son propriétaire, qui a regagné l'Alsace, cependant que la manufacture d'Epinal devait fermer ses portes.

Il est vrai que cette impuissance est largement compensée par l'essor de l'industrie rémoise et ardennaise.

L'industrie de la soie, d'ailleurs, et celle du jute ne sont guère plus actives. Le jute n'est travaillé qu'à Blainville (Meurthe-et-Moselle), tandis que la Société des peignages et filatures de bourre de soie exploite à la Croix-aux-Mines (Vosges) l'ancien établissement Strohl, Schwartz et Cie.

X

L'Industrie lainière rémoise

Admirablement placée, au point de vue géographique, au carrefour des routes des Flandres, du Hainaut, du Cambrésis, de la Lorraine, de l'Ile de France, au cœur de la Champagne inféconde, et vouée naturellement à l'expansion industrielle, Reims occupa une place exceptionnelle dans l'histoire nationale, et le travail de la laine y prospéra dès l'époque romaine. La parfaite organisation des corporations rémoises, surtout celle des tapissiers, « incomparables artistes de la laine », et l'essor prestigieux des foires de Champagne contribuèrent à son essor.

Colbert, son plus glorieux enfant, sut, plus tard, orienter l'industrie lainière nationale vers des destins magnifiques, et les lainages rémois bénéficièrent de sa clairvoyance politique. En 1686, Reims renfermait 1.812 métiers.

L'abolition des jurandes et maîtrises en 1776 fut un stimulant pour l'industrie rémoise. La production de 1.400 métiers, en 1783, s'éleva à 9 millions de livres, sans compter les bas, chapeaux, manteaux jetés sur le marché et qui représentaient deux millions de livres. La population ouvrière du rayon comprenait 30 à 40.000 individus. Les traités de 1786, la Révolution furent funestes à la draperie, mais le génie de certains industriels sauva Reims de la ruine. En 1804, Ternaux inventait le mérinos, ou shalle ; en 1812-1815, Jobert et Lucas de Bazancourt, aidés par l'ouvrier Dobo, instaurèrent la filature mécanique. Aussi en 1819, Reims s'honorait-elle de 180 fabriques, 2.900 métiers, 11.000 ouvriers. Puis ce fut en 1834 l'institution de la Société Industrielle, en 1838 l'utilisation du métier mécanique par Croutelle, et en 1843 la fabrication excédait 50 millions de francs.

Après 1850, Reims eut la sagesse de substituer le peignage mécanique au peignage à la main et d'abandonner ses anciens tissus pour la préparation des flanelles et mérinos, si bien qu'en 1866 le rayon comportait plus de 26.000 broches, 6.000 métiers mécaniques, 5.400 à main et 98.000 ouvriers.

Cette industrie connut son apogée en 1878, avec 700 peigneuses, 154.000 broches de peigné, 9.000 de cardé, 9.435 métiers mécaniques et 7.780 à main. Son chiffre total d'affaires dépassait 150 millions.

Au moment où la guerre vint interrompre son activité, la fabrique de Reims comprenait 2 peignages, 31 filatures, dont certaines relevant du département ardennais, pourvues de 170.000 broches de peigné et 63.000 de cardé (10 établissements), 13.000 broches de retordage, 23 tissages avec 7.000 métiers, 2 feutreries et une dizaine de teintureries.

Nombre de peignages avaient, toutefois, disparu, seuls persistaient les deux ateliers d'Isaac et Jonathan Holden, comportant respectivement 85 et 150 appareils.

La filature de peigné était pratiquée par 17 maisons, dont 7 centralisées à Reims : Poullot (5.000 broches), Lelarge (5.000), Benoist et Cie (9.000), Ed. Benoist (10.000), Collet (16.000), Duchasteaux (8.000), Walbaum (12.000), Saint-Thierry (19.000). 7 établissements disposaient de 5.000 à 10.000 broches, 4 de plus de 10.000.

10 usines se consacraient à l'élaboration du fil cardé — comme en 1903. Elles étaient beaucoup plus disséminées que les fabriques de peigné. A Reims, la maison Veron faisait tourner 12.000 broches, à Saint-Brice appartenait la maison Routhier (6.000 broches), à Warly la filature Robert. Les autres installations étaient réparties entre Jonchery-sur-Vesle (7.000 broches, Poilcourt, la Ferté-sur-Chiers, Lalobbe, Saint-Masmes, Reims, Signy-l'Abbaye, 5 filatures groupaient plus de 5.000 broches, 4 moins de 5.000.

Le retordage (13.000 broches) était exécuté dans 9 usines, dont 7 de moins de 1.000 broches.

Il sied de considérer que l'industrie du fil était particulièrement active dans la vallée de la Suippe, à Warmeriville (Simonnet, Harmel, 25.000 broches), Bazancourt (Lelarge), Isle-sur-Suippe (Lelarge), Betheniville (Oudin), Pontfaverger (Herlem), Suippes (Buirette, 9.00 broches), tandis que les usines de Rethel (E. Martin, 5.000 broches), Neuflize et Signy-l'Abbaye, procédaient du rayon ardennais.

Le tissage agrégeait 23 usines et 7.000 métiers. Nombre de

filatures utilisaient elles-mêmes leurs filés. C'est ce qui se produisait pour les établissements Poullot (700 métiers) de Reims, Lelarge (1.000 au total), Benoist et Cie (400), Ed. Benoist (500), Collet (500), Duchasteaux (350), Saint-Thierry (480), Walbaum (550), et, dans la vallée de la Suippe à Warmeriville (Simonnet, 250), Betheniville, Neuflize, Pontfaverger.

Cependant, 4 tissages de Reims (200 métiers) achetaient leurs filés au dehors, et la même politique était suivie à Pontfaverger, Boult-sur-Suippe, Saint-Hilaire-le-Petit et Rethel, 4 maisons avaient réuni de 500 à 1.000 métiers, 14 de 100 à 500, 5 moins de 100 appareils.

A la vérité, le tissage à la main, jadis vivace, avait été entièrement délaissé. Pourtant, les maisons Sacy et Masson, de Reims, employaient encore quelques façonniers en chambre.

Cet inventaire sera complet lorsque nous aurons constaté l'existence de 2 feutreries, l'une belge, l'autre allemande, à Reims, d'un atelier pour la fabrication de la schappe (250 ouvriers) et d'une dizaine de teintureries. 12.000 ouvriers étaient au service de l'industrie rémoise.

A l'exception d'Armentières, aucune ville industrielle n'a plus souffert de la guerre que la métropole rémoise, bien que l'ennemi ne l'ait occupé que peu de temps. Des bombardements incessants ont anéanti toutes les manufactures, à l'exclusion de l'usine Ed. Benoist. Les déprédations n'ont pas été moindres dans la vallée de la Suippe, où la mine a fonctionné avec frénésie. Les filatures de Saint-Brice et Jonchery ont été également rasées ou incendiées. On peut dire que la fabrique rémoise avait cessé d'exister au jour de l'armistice.

Dans ces conditions, la reconstitution a été fatalement longue et pénible.

Elle n'était pas achevée, tant s'en faut, en mars 1923. Aussi avons-nous dû préciser la situation de l'industrie en 1914, afin qu'on puisse juger en connaissance de cause, et apprécier comparativement sa position à l'heure présente. Il faut avouer qu'elle n'est guère brillante au regard de ce qu'elle fut dans un passé récent.

Il convient immédiatement d'observer que la plupart des usines sont ou réédifiées, ou en cours de reconstruction. Cependant la filature Louis Laurent, de Jonchery, dont le propriétaire est décédé, ne doit pas être relevée. Le matériel de l'usine de Saint-Hilaire a été vendu, et deux petits tissages de Reims ne seront l'objet d'aucune restauration. Il avait été question d'abandonner à son sort le tissage de Boult-sur-Suippe ; les propriétaires, en fin de compte, se sont décidés à le reconstituer, et quelques métiers ont été remis en marche au début de 1922. La filature est aujourd'hui pratiquée dans 6 maisons de cardé seulement avec 22.000 broches, 22 de peigné (57.000) et le tissage dans 22 (2.500 métiers).

A Reims, l'établissement Ed. Benoist, moins atteint, a pu être réouvert dès 1919. Il ne compte, toutefois, présentement que 400 métiers. Puis vint la rénovation de la filature Routhier, de Saint-Brice (6.000 broches de cardé) en octobre 1920, et celle de la filature Buirette, de Suippes (9.000 broches).

En 1922, ont été rendues à l'activité : à Reims les entreprises de cardé et tissages Poullot (120 à 130 métiers en avril 1923), la filature de cardé Lelarge, qui alimente de fil les ateliers de Bazancourt (200 métiers), la maison Duchasteaux, reprise par M. Paindavoine, et qui allie le coton à la laine (150 métiers). En 1923, M. Walbaum a pu installer 75 métiers, et M. Collet 50, cependant que la firme Benoist et Cie se contente de filer du cardé, qu'elle fait tisser à Roanne.

MM. Harmel ont entièrement rétabli leur filature de Warmeriville. Les usines Nouvion-Jacquet et Harlem, de Pontfaverger, ont été réparées, ainsi que le tissage Lainé, de Rethel, et la filature Martin et Guillaume de la même ville, la filature Oudin (cardé) de la Ferté-sur-Chiers, la filature Raschel de Saint-Masmes (cardé), la maison Simonnet, de Warmeriville.

A Bethenville, M. L. Oudin a installé 100 métiers et édifié une cité ouvrière, sans cependant, avoir encore procédé à un embauchage de personnel (mai 1923).

Les établissements Véron, de Reims sont en reconstruction, et se proposent d'orienter leur fabrication vers le coton. Une évolution de même ordre s'observe dans le rayon.

La manufacture de bonneterie de la Marne a racheté un certain nombre de dommages à Pontfaverger (Nouvion-Jacquet), en vue d'aménager une bonneterie, qui recevra à l'origine 350 métiers, et ultérieurement, sera portée à 700 métiers.

Les circonstances n'ont pas, comme on pouvait le supposer, déterminé une concentration de la fabrication. On ne mentionne qu'une fusion, l'absorption de la maison Boucher, de Reims, par la maison Louis Masson, qui faisait travailler à domicile avant la guerre, quoique faisant battre quelques métiers en atelier. M. Masson a groupé ainsi 50 métiers. Son collègue Sacy, qui utilisait aussi des façonniers avant 1914, possède une trentaine de métiers en service.

Longtemps la filature rémoise a été préoccupée devant la décision des Anglais Holden de ne pas relever leurs peignages, le gouvernement britannique ne consentant aucune avance à ses nationaux lésés. De crainte d'être livrés à la merci des peigneurs roubaisiens, les lainiers de Reims ont constitué une société au capital de 4 millions, dite des Peignages de Reims, et réinstallé le peignage Jonatham Holden, doté de 80 machines. A l'heure actuelle, Reims, par son initiative, a sauvegardé l'avenir.

Les industries annexes ont été restaurées définitivement. La Société des Déchets de la Fabrique de Reims, consortium des tisseurs au capital d'un million procède comme naguère, au lavage, battage et carbonisage des matières. La feutrerie Voos est aussi achalandée qu'avant la mobilisation.

Par contre, l'entreprise Tamboise, de Pontfaverger, est encore dans l'état où la guerre l'a laissée.

Nous sommes évidemment fort loin de l'activité de 1913. Le matériel de filature de peigné n'atteint guère que le tiers de ce qu'il était il y a dix ans, et celui de cardé les quatre cinquièmes. Le nombre des métiers ne dépasse pas 35 % de celui d'avant-guerre. On ne saurait donc parler de chiffre d'affaires et comparer les recettes actuelles aux opérations de naguère. Toutefois, d'excellents symptômes se manifestent que nous ne saurions passer sous silence. Les ventes de laine d'antan ont été reprises récemment, et avec succès. Les laines recueillies dans le rayon ont trouvé facilement des acheteurs.

XI

Main-d'œuvre et Salaires à Reims

Dès longtemps, la crise de la main d'œuvre a pesé sur l'activité de la fabrique rémoise. Son caractère saisonnier, à partir de 1887, l'obligeait à des chômages presque réguliers. Aussi la population ouvrière avait été inclinée à s'orienter vers les mines et la métallurgie lorraines. Aujourd'hui, après les hécatombes de la guerre, la situation ne s'est pas améliorée, loin de là. Si les anciens ouvriers ont volontiers réintégré l'atelier, le recrutement deviendra de plus en plus malaisé, à mesure que la production se régularisera. Déjà se fait sentir la pénurie de chefs de service et contremaîtres. La loi de 8 heures oblige, pour obtenir les résultats d'autrefois, à recruter un effectif plus considérable. On s'occupe donc de préparer des apprentis, et la Société Industrielle a rouvert ses cours pour pallier, autant que possible, aux insuffisances constatées.

L'absence de logements utilisables n'est pas faite pour faciliter les embauchages, et le coût de la construction incite les industriels à retarder l'édification d'habitations.

Toutes ces circonstances, autant que la cherté de la vie dans les régions dévastées, ont déterminé des relèvements de salaires. Déjà en 1913, on avait dû accorder des augmentations d'environ 50 % aux façonniers. En 1923, le fileur reçoit de 2,35 à 2,75 de l'heure, soit près de 19 fr. par jour contre 4,30 à 6,45 avant la guerre. Le salaire du bobineur est passé de 1,80/2,70 à 8 fr., celui du rattacheur de 4,35/4,80 à 18,60 (2,325 de l'heure) pour les caporaux, de 4,10/4,45 à 17,40 (2 fr. 17 de l'heure), tandis que le tisseur recueille de 1,65 à 1,75, ou 13 à 14 fr. par jour, contre 4,50 jadis. En fait, le relèvement moyen est de 385 %.

Mais la fabrique rémoise est de taille à ne point mentir à son illustre passé.

XII

L'Industrie du Sud Ardennais

Au rayon de Reims se rattachent un certain nombre d'établissements ardennais, installés à Neuflize, Rethel, Warby, la Ferté-sur-Chiers, Poilcourt, Lalobbe, Signy-l'Abbaye. Nous avons eu l'occasion de reconnaître que les Allemands ne les ont guère épargnés, en particulier à Signy et Rethel. Si les usines de Rethel ont pu être rapidement réédifiées, malgré les dégâts causés par l'incendie, la restauration à Signy a été tardive, et difficile, du fait de l'éloignement d'une artère normale. La filature de cardé Robert, à Warly, n'a pu être rendue au travail qu'en 1922 ; celle de Poilcourt n'a pu encore être restaurée complètement et à Signy l'une des filatures a été transformée en bonneterie par MM. Harmel. On espérait pouvoir enregistrer la résurrection décisive du rayon rémois pour 1922. Il serait prématuré de l'envisager pour 1923.

XIII

La Fabrique lainière de Sedan

Le développement de cette industrie s'accusa au siècle dernier, avec 130 fabricants contre 26 en 1785, 2.800 tisseurs à façon et 28 millions d'affaires. La guerre de 1870 décapita cette fabrication. En 1893, le nombre des drapiers avait regressé à 58, celui des tisserands à 1.200 au maximum. La production n'excédait plus 18 millions. La teinturerie de Sedan, naguère illustrée par ses merveilleux noirs, avait décliné conjointement.

Enfin, en 1914, on enregistrait pour la région 85.756 broches à filer, 1.900 à retordre, 170 assortiments de cardé, 1.418 métiers, 22 officines de négociants, une feutrerie (Mouzon) et la teinturerie de Floing. La production destinée surtout à l'exportation approchait de 3 millions de kilos de tissus.

Les Allemands s'acharnèrent contre cette industrie, tantôt anéantissant bâtiments et matériels, ceux de la filature tout spécialement, tantôt mitraillant l'outillage. On ne retrouva, à l'armistice, que 12.470 broches de cardé, 180 de retordage, 37 assortiments et 217 métiers. Les dégâts atteignaient 97 % de la valeur des usines contre 25 % à Roubaix.

La restauration du rayon fut sigulièrement ardue. Au 30 octobre 1920, on ne signalait que 19.760 broches en état de marche et 384 métiers. En 1921, le nombre des broches était passé à 62.360, celui des métiers à 667. En septembre 1922, on comptait 70.840 broches et 859 métiers.

Enfin, à la fin de 1922, 18 usines disposaient de 80.480 broches et 23 tissages de 886 métiers, plus 32 métiers à tapis (2 ateliers) et 50 à main.

La filature extérieure à Sedan et naguère représentée par 23 établissements est installée à Carignan, Balan, Angecourt, Lamécourt, La Ferté, Hannogne, Vrigne-au-Bois, Glaires, Rubécourt, Haybes-Givonne, Sainte-Marie-Margut, Saint-Albert, Daigny, Matton, Autrecourt, Thélonnes, Illy, Pont-Maugis et Rémilly. Ne figurent plus sur les relevés les usines de Dom-le-Mesnil, Saint-Menges, Pouru-Saint-Rémy, Moiry.

Le tissage s'exécute à Sedan, où il est surtout groupé, Warcamp, Illy, Floing et Carignan, le tissage à façon à Floing, Balan et Torcy.

En fait, l'industrie sedannaise relève, quant au matériel, plutôt de la moyenne que de la grande industrie. La plus forte filature n'emploie que 14.000 broches ; 9 n'ont à leur disposition que moins de 5.000 broches, 3 de 5.000 à 10.000. Le plus faible outillage est de 840 broches.

Le tissage utilise de 2 à 140 métiers, mais deux maisons seulement exploitent plus de 100 métiers.

Onze usines sont outillées pour l'apprêt, également réalisé dans les magnifiques locaux de l'Espérance, à Floing.

Il ne saurait être question de comparer la production de 1913 (25 millions) à celle d'aujourd'hui, malgré l'activité constatée en 1922. La reconstitution de Sedan n'est pas encore définitive. Mais on peut dire que le coup qui lui a été porté a été d'autant plus douloureux que, de 1910 à 1913, les expéditions de drap augmentaient d'environ 500.000 kilos chaque année.

XIV

La Filature alsacienne de Coton

L'industrie cotonnière s'implanta de bonne heure en Alsace, où elle devait prendre un exceptionnel développement. Mais, par une sorte de paradoxe, le finissage qui représente l'étape ultime de la fabrication textile, précéda la filature, qui constitue la base de l'industrie. Au XVIIIe siècle, cependant, la filature à la main était déjà répandue dans toutes les vallées vosgiennes. Les populations paysannes travaillaient à façon pour les entrepreneurs, qui leur procuraient des matières premières levantines.

La filature mécanique, seule susceptible de livrer des numéros fins, fut introduite en Alsace en 1802, par Gros, Davillier et Ramon, qui ouvrirent à Wesserling une usine actionnée par la force hydraulique, qui devait alimenter la plupart des manufactures. Mulhouse fut dotée d'une filature en 1812 par Dollfus-Mieg, mais celui-ci employa la vapeur, et son exemple devait être bientôt suivi. A Guebwiller appartient l'honneur d'avoir intronisé l'exécution des fils fins en 1817. L'essor de la filature mulhousienne ne s'affirma, cependant, qu'après 1923, lorsque le jumel égyptien prit place sur le marché.

De remarquables perfectionnements successifs concoururent à l'extension de la vitalité de cette industrie. Josué Heilmann et Emile Hibner, en 1841 et 1851, furent les auteurs de la peigneuse de coton, qui devait rendre de si précieux services. L'Alsace, toujours à la tête du progrès, devait substituer aux anciens appareils les mull-jennys dès après 1844, et l'installation à Guebwiller, par Schlumberger, d'ateliers de construction du matériel textile vint encore faciliter l'épanouissement de la filature du Haut-Rhin.

Le retordage, de son côté, avait fait son apparition à Lautenbach en 1835, et sa prospérité fut concomittante avec celle de la filature.

La filature de la Haute-Alsace et de la Basse-Alsace comprenait à la veille de la dernière guerre 1.818.308 broches de filés et 79.629 de retordage, au total 1.897.937 broches, relevant de 55 établissements. Le seul rayon de Mulhouse, Altkirch et Thann comportait 749.116 broches de filés et 51.198 à retordre. Si l'on veut bien considérer que l'Allemagne mettait alors en œuvre 9.600.000 broches, on voit que l'Alsace disposait de 20 % du matériel de la filature germanique.

La guerre et l'après-guerre n'ont pas sensiblement modifié la physionomie de la filature alsacienne. Comme autrefois les deux tiers des établissements emploient eux-mêmes leurs fils. C'est ainsi qu'on compte actuellement 34 filatures-tissages jumelés pour seulement 15 filatures pures. Ces dernières groupent 197.643 renvideurs et 238.593 continus, ou 436.238 broches. En outre, cinq usines se sont annexé des broches à retordre, au nombre de 28.954. Le retordage est, de plus, pratiqué exclusivement par six manufactures pourvues globalement de 44.087 broches.

La filature et le tissage sont conjointement poursuivis par 34 usines, dont 8 en dehors du puissant syndicat mulhousien. Les ateliers adhérents à l'institution de défense patronale peuvent faire tourner en 1923 832.947 broches de fils, dont 357.597 renvideurs et 475.370 continus, et 22.642 broches de retordage. En 1921, l'ensemble des filatures-tissages, dissidents compris, enregistrait un matériel de 182.409 broches de fils (391.917 renvideurs) et 24.464 broches de retordage.

L'industrie alsacienne de la filature, en raison de ses origines mêmes, est demeurée plus particulièrement concentrée à Mulhouse (3 filatures, 5 filatures-tissages, 1 retordage) et dans la campagne mulhousienne, dans la vallée de la Doller, à Sentheim, Massevaux, sur les bords de la Thurr à Cernay, Willer, Wesserling, à Hirsingue, à Lauw et Oberbruk. Mais elle opère aussi dans les usines de la Lauch et l'Ill (Buhl, Guebervillér, Isenheim), de la Weiss et de la Fecht.

La filature alsacienne, qui occupait au début de 1923, 4.540 ouvriers, appartient à la fois à la très grande industrie, puisqu'elle possède une usine de plus de 75.000 broches et 3 de 50 à 75.000 et à la moyenne industrie, 25.000 à 50.000 broches, avec 13 établissements. Treize manufactures, en outre, sont pourvues de moins de 25.000 broches.

Les facilités d'aménagement des tributaires des Vosges ont, à une époque relativement récente, incité les industriels à équiper des chutes d'eau, pour éviter une consommation excessive de combustible. La filature de coton alsacienne a été ainsi dotée de quelque 25.000 chevaux-vapeur. La puissance hydraulique installée est parfois assez élevée, et nous ne connaissons guère d'usines du reste du territoire jouissant d'une force analogue. Les centrales textiles des Pyrénées, de la Lorraine, de l'Eure sont loin de pouvoir fournir les 800 chevaux de l'usine de Buhl ou les 450 chevaux de l'atelier Bourcart.

L'Alsace, réintégrée dans les limites de la France, n'a pas manqué de peser sur le marché des fils. Ce n'est pas en vain qu'on enregistre une capacité de production supplémentaire de 30 %. Il faut aussi considérer que les cotonniers alsaciens, bien que traitant surtout le jumel, confectionnent à la fois les fils fins jusqu'au 160 anglais et les numéros tels que le 8.

Le Nord et la Normandie ont donc à compter avec les fabriques alsaciennes, auxquelles s'ouvrent simultanément les débouchés germaniques et la consommation française. Un pareil avantage n'est pas réservé à nos filateurs flamands ou normands.

XV

Le Tissage alsacien du Coton et l'Impression

L'industrie de l'indiennerie ou des tissus peints, précéda de loin la filature. On peut dire qu'elle fut à la source de toutes les fabrications textiles de l'Alsace. Dès 1746 en effet J.-J. Schmatzer, J.-H. Dollfus et Samuel Koechlin ouvraient à Mulhouse le premier atelier d'impression, à la main nécessairement. Son succès fut tel qu'au lendemain de la Révolution 15 maisons vivaient de ce travail rémunérateur. Mais l'impression ayant besoin de matières premières, la filature et le tissage devaient s'inaugurer en vue de satisfaire à ses besoins.

L'indiennerie ne se modernisa que tardivement. Ce n'est qu'en 1883 que Dollfus-Mieg introduisit la machine à imprimer. Le rayon mulhousien renferma 5 établissements d'indiennerie faisant fonctionner 143 machines. L'usine de Pfostadt (Mulhouse-Nord) en compte 35 environ, la maison Koechlin 26, la maison Heilmann 15. Deux autres en signalent une trentaine. Le complément appartient à la campagne alsacienne.

Il convient d'attirer particulièrement l'attention sur ce chiffre de 143 machines — certaines statistiques parlent de 156 — cet outillage représente, en effet, 60 % *grosso modo* du matériel français. Il crée, fatalement, une concurrence difficile aux indienneries d'Epinal et de Rouen.

Le tissage du coton, à la vérité, a été instauré en Alsace avant l'indiennerie. Il végéta, toutefois, pendant le XVIIIe siècle par suite de l'intransigeance des corporations, qui interdisaient l'usage de plus de 2 métiers par atelier.

Pour tourner cette prohibition, Mathias Risler dut émigrer de l'autre côté des Vosges en 1762. Néanmoins, en 1755, Georges Risler installait plusieurs métiers à Sainte-Marie-aux-Mines, qui devint un centre cotonnier dès 1756. Mulhouse ne reçut sa première manufacture de tissus qu'en 1802. Le tissage se bornait, d'ailleurs, à élaborer de grossières étoffes. Les premières toiles fines n'apparurent qu'à la fin du Premier Empire.

L'intronisation du tissage mécanique, contrairement à toute attente, ne fut pas suivie d'un développement immédiat de l'industrie. Celle-ci ne prospéra qu'après l'invention du métier d'Hellmann, et surtout sous l'impulsion avisée de la Société Industrielle de Mulhouse, fondée en 1824, dont le rôle fut capital. En 1831, on signalait l'existence de 17 ateliers de 2.133 métiers. Dix ans plus tard le tissage mécanique groupait 10.000 métiers, quoiqu'on mentionnât encore 12.000 appareils à bras. Enfin, au moment de la guerre, l'Alsace enregistrait 77 tissages, dont 35 dans le rayon de Mulhouse avec 43.875 métiers (Mulhouse 19.711).

Les relevés précis du Syndicat industriel alsacien nous

apprennent qu'en 1921, l'Alsace renfermait 19.974 métiers syndiqués, sur 33.949, dont 24.600 relevant du Haut-Rhin.

Le plus grand nombre sont installés dans les 34 grandes filatures-tissages que nous avons eu l'occasion de parcourir ; les tissages purs, au nombre de 32, n'ont reçu que 8.053 métiers.

Le tissage est, d'ailleurs, beaucoup plus disséminé que la filature. Il a envahi la presque totalité des vallées alsaciennes, celles de la Doller et de la Thurn, de la Bruche et de la Weiss, de l'Ill et de la Fecht, de la Lauch et de la Liepvrette. On ne saurait songer à établir ici l'inventaire complet des usines. Qu'il nous suffise de citer des centres comme Mulhouse, Altkirch, Dornach, Lauw, Marzwiller, Sentheim, Massevaux, Thann, Willer, Wesserling, Cernay, Guebwiller, Buhl, Marxheim, Soulzmatt, Colmar, Munster, Stosswihr, Ribeauvillé, Sainte-Marie-aux-Mines, Villé, Rothau, Poutoie, Natzwiller, etc., etc.

La répartition du matériel ressort lumineusement du relevé comparatif suivant : le rayon de Mulhouse comporte 6.637 métiers : 3.597 dépendent des usines de l'Ill ; 3.050 de celles de Wesserling ; 2.994 de Massevaux.

A Guebwiller se rattachent 2.860 métiers ; à Colmar, 4.728 ; à Sainte-Marie, 735. Enfin, on aura une idée complète et nette de ces fabrications, qui exigent de 22.000 à 25.000 ouvriers, en observant que 19 manufactures ne font battre que moins de 250 métiers (dont 3 filatures-tissages). 18 usines — dont 9 tissages purs — en ont de 250 à 500 ; 14 entre 500 et 1.000 ; 11 plus de 1.000. On peut même citer deux établissements qui ont en service plus de 1.800 métiers.

Il ne faut pas s'y tromper : l'industrie cotonnière d'Alsace représente une puissance dont la France a le droit de s'enorgueillir. Le tissage allemand, amputé des ressources du tissage rhénan, a perdu 19 % de ses moyens d'action, et notre propre capacité a été accrue de 30 %. Comme nous l'avons dit pour la filature, l'Alsace a su non seulement maintenir son matériel au niveau des meilleurs mais, souple dans ses travaux, elle a multiplié ses articles, pour la robe, la lingerie, la confection, la doublure, la chemiserie. Elle a ainsi contribué à provoquer le déséquilibre dans lequel se débat la fabrication nationale. La prospérité de 1922 ne saurait voiler cette vérité. Le problème cotonnier déjà délicat avant les hostilités prend une acuité nouvelle.

XVI

Le Coton français et le Coton alsacien

Examinons brièvement comment se pose la question de la concurrence du coton alsacien pour le coton des Vosges, du Nord et de la Normandie. On admet qu'une broche de filature produit, en moyenne, 26 kilos de fil par an. De son côté, un métier à tisser fournit 90 pièces de 100 kilos, ou 9.000 mètres. Les 9.600.000 broches de filature procureront donc normalement 250.000 tonnes de fils et nos métiers 162.000 tonnes de tissus.

Or l'exportation de la France d'avant-guerre s'élevait à 22.000 tonnes de fils, dont 10.000 pour la filature et le complément par l'intermédiaire du tissage, plus 15.000 tonnes de tissus. D'autre côté, l'Alsace-Lorraine exportait environ 15.000 tonnes de fils ou produits filés, et 13.500 de tissus. Les industriels de l'Est, qui avaient étudié le problème durant le conflit admettaient que les expéditions globales de la France accrue de l'Alsace-Lorraine s'équilibreraient à 38.200 tonnes de fils et 28.500 de tissus.

De ce chef il devait rester à la disposition de la consommation nationale 170.000 tonnes de fils (192.000 tonnes — 22.600) et 106.500 de tissus, et la surproduction envisagée devait atteindre 26.500 tonnes de fils et 22.000 de tissus, ou 2.200.000 pièces.

Ces hypothèses ont été, en partie, infirmées, mais dans un sens péjoratif. L'exportation de fils n'a pas dépassé 15.685 tonnes en 1921, mais celle des tissus a voisiné 58.640 tonnes. D'une autre part, les achats de la consommation longtemps comprimés, ont été considérables en 1922, et la clientèle allemande a continué à s'alimenter en Alsace.

La situation prospère de l'industrie cotonnière s'est maintenue depuis l'armistice à la faveur des hauts prix des fabrications, et malgré des salaires souvent prohibitifs et des cours prestigieux de la matière première. Pourtant la menace subsiste toujours, susceptible quelque jour d'aboutir à une « catastrophe ». La restauration définitive des usines envahies ne peut que la précipiter. Déjà l'impression de l'Ouest en a ressenti quelques atteintes.

La surproduction due à la réintégration de l'Alsace ne saurait, toutefois, être efficiente que si le marché germanique, qui accueille ses produits bon marché, se ferme à ces marchandises.

Le traité de Versailles a, momentanément, paré à cette éventualité. Les articles 68 et 268 imposent l'entrée en franchise, sur le sol allemand, des produits alsaciens. Aussi, en 1921, les exportations en Allemagne de la fabrique alsacienne absorbaient-elles 98 % de la production (25.000 t.).

Mais l'ennemi d'hier a, d'abord, comprimé ses achats. La chute du mark a favorisé les tendances prohibitionnistes du pangermanisme. Dès 1922, l'Allemagne n'a plus reçu que 42 % du tonnage élaboré, ce qui a rejeté sur la France 16.500 tonnes ou 12 % de la consommation du pays en tissus de coton. (En 1922, l'Alsace a préparé environ 28.700 tonnes de tissus). Si l'Allemagne récusait totalement le coton alsacien, surtout l'impression, il y aurait évidemment pléthore et crise grave.

Or, le traité ne jouera plus à dater du début de 1925. D'où la nécessité d'en faire proroger les clauses relatives au coton alsacien.

Il importe également d'éviter que nos voisins, en vue de leur libération, ne renforcent leur outillage cotonnier. La production germanique se superposerait alors à la nôtre.

Aussi les cotonniers de l'intérieur se joignent-ils aux Alsaciens pour exercer une pression sur les pouvoirs publics dans ce sens. Nos efforts pour développer nos exportations ne sauraient avoir d'effet utile que plus tard. Il faut protéger le coton alsacien pour sauver le coton flamand et normand. L'enjeu en vaut la peine.

XVII

La Soie et le Jute en Alsace

La soie et le jute n'occupent qu'une place restreinte dans la production rhénane.

Le jute n'est pratiqué qu'à Colmar (2 usines), et Bitschwiller, avec 6.212 broches de filature, confinées dans un seul atelier, et 540 métiers, dont 300 pour une maison. Eloignée des centres français du jute, l'industrie alsacienne peut vivre par elle-même.

La soierie alsacienne, qui compte 711 établissements à Colmar, Huningue, Saint-Louis, Guebwiller, Mulhouse, Logelbach, Rappanzwiller et Sainte-Marie-aux-Mines, occupe 4.500 ouvriers et comporte 3.026 métiers, dont 1.354 à Saint-Louis.

La schappe groupe à Soulzmatt et Colmar, 22.500 broches et 1.431 métiers. Bien qu'exploitée en partie par des Suisses et approvisionnant la rubannerie et la passementerie locales, la soierie se heurte à la concurrence de l'industrie helvétique proche, aussi bien placée qu'elle pour lui disputer les mêmes marchés ultra-océaniques. Il y a des intérêts internationaux malaisés à concilier d'autant qu'il faut tenir compte des exigences de Lyon et de Saint-Etienne.

XVIII

La Laine en Alsace

La fabrication de la laine ne fut entreprise en Alsace que longtemps après le travail du coton. C'est en 1838 seulement que, pour satisfaire aux désirs de l'impression, André Kœchlin, constructeur de matériel à Mulhouse, ouvrit avec Risler la première manufacture de laine peignée. Mais il convient de rappeler que Mulhouse pratiquait le tapis de laine à la main depuis quatre siècles et qu'en 1817 Mieg, Dollfus et Baumgartner commencèrent de livrer des draps teints.

A une époque plus rapprochée de nous, Sainte-Marie-aux-Mines se fit une spécialité d'associer la laine au coton.

Avant la guerre, le rayon alsacien comprenait 568.000 broches, ce qui témoigne de l'éclat de cette industrie. L'une des filatures, à Cernay, fut incendiée en 1914 par l'ennemi. Une autre, à Bourtzeviller, connut le même sort. Au début de 1923, l'industrie lainière du Rhin s'honorait de ses 623 peigneuses, toutes installées dans les filatures, à l'exception des appareils dont a été doté le peignage exclusif de Colmar, de création toute récente.

Les 10 filatures pures d'Alsace sont riches de 345.822 broches, dont 277.390 renvideurs et 68.432 continus, plus 86.612 broches de retordage.

Six filatures mixtes utilisent leur fil elles-mêmes, dans un tissage annexe, réunissant 71.636 broches, dont 39.064 renvideurs et 32.572 continus, plus 10.094 broches à retordre. Tous ces établissements se consacrent au peigné et sont édifiés à Mulhouse, Colmar, Buhl, Malmerspach, Erstein et Bischwiller.

Le cardé n'est exécuté qu'à Drusenheim (16.000 broches).

La puissance de fabrication de la filature lainière d'Alsace est des plus variables.

Les filatures pures font tourner de 6.000 à 23.000 broches, les usines mixtes de 1.350 à 4.000 seulement.

Le tissage occupe 6.632 métiers, dont 2.540 relèvent des filatures-tissages et 1.326 de tissages purs. La répartition des métiers est, d'ailleurs, fort inégale. Le rayon de Mulhouse, accaparé par le coton, n'en enregistre que 470, l'Ill que 290, Wesserling que 280, tandis que Guebwiller en possède 1.231, Colmar 1.842 et Sainte-Marie-aux-Mines 1.884.

Aux 5.997 métiers du Haut-Rhin, le Bas-Rhin n'en saurait opposer que 635, en partie à Bischwiller.

On doit remarquer l'importance particulière de la fabrique de Sainte-Marie et de la vallée de la Liepvrette. Le tissage alsacien s'est haussé à la grande industrie, puisque 2 usines agglomèrent plus de 500 machines.

L'essor de la draperie mécanique n'a, cependant, pas fait disparaître l'antique tissage à bras, qui utilise, dit-on, 132 métiers.

1.705 métiers à laine sont incorporés dans des usines cotonnières (8 maisons).

L'industrie lainière alsacienne, qui emploie 10.700 ouvriers, peut jeter sur le marché 8 millions de kilos, valant en 1914 40 millions. Depuis l'armistice, la fabrication a été sensiblement réduite, faute de main-d'œuvre ; par contre, son chiffres d'affaires est passé à 200 millions environ.

La caractéristique particulière du lainage d'Alsace réside dans ce fait que les filatures effectuent simultanément le triage, le peignage, la filature, le retordage, et parfois même le tissage. Le Nord spécialise davantage ses opérations, le filage étant presque toujours isolé du peignage.

L'Alsace élabore bien quelques numéros fins, avec des laines mérinos du Cap et d'Australie, mais sa filature préfère s'adonner aux numéros forts, qui ne nécessitent que des laines communes. L'Alsace doit, conséquemment, emprunter les fils qui lui manquent à nos manufactures flamandes. Son activité est donc favorable à l'industrie roubaisienne. Par contre, le tissage est livré aux mêmes préoccupations que celles qui assaillent la fabrique de coton. Le régime de la franchise d'exportation en Allemagne lui est aussi indispensable.

Il sied, en dernier ressort, de considérer que les industries textiles alsaciennes, bien que moins atteintes par la raréfaction de la main-d'œuvre que les autres industries nationales, consentent à leur personnel des salaires légèrement supérieurs aux nôtres. Comme nous nous étonnions qu'elles puissent néanmoins battre nos fabrications vosgiennes proches, une personnalité éminente nous révéla le secret de cette supériorité : « L'industrie alsacienne est organisée avec une méthode incomparable, qui influe grandement sur ses prix de revient. »

Nous ne saurions clore ce bilan de l'Alsace textile sans observer qu'une usine pratique le blanchiment de coton, et 12 le blanchiment et l'apprêt de la laine à Sainte-Marie et Colmar.

La peluche se prépare en Lorraine, à Sarreguemines et Puttelange, tandis que le lin est travaillé à Petite-Pierre, près de Phalsbourg, le chanvre à Sarre-Union, et le coton à Billisheim, Lampersloch, Durrenbach, Hunspach, Wingen. Ces modestes exploitations ne permettent pas de pouvoir regarder la Lorraine comme un rayon textile français digne d'intérêt.

Il semble que l'industrie de l'Alsace ait fait le vide au nord des provinces reconquises.

TROISIÈME PARTIE

Les Industries du Centre et de la Région Lyonnaise

I

L'Industrie roannaise du Coton

Du fait de sa situation géographique, au carrefour des routes du Lyonnais, du Forez, de l'Auvergne et du Nivernais, Roanne devait naturellement devenir un *emporium* comme Reims, un actif foyer d'échanges. Place de commerce de premier plan, elle tendit à fabriquer l'un des principaux éléments de son négoce, le tissu. Aussi, si l'on en croit de La Rochette, la filature du coton aurait-elle été instaurée dans le Roannais avant toute autre région de la France. D'ailleurs, à Roanne comme à Laval ou à Cholet, la préparation des cotonnades prolongea simplement l'industrie linière, alimentée de longue date par la culture locale.

Le succès de la filature fut tel qu'à la fin du dix-septième siècle Roanne exportait au delà de nos frontières. La réglementation royale de 1733 accentua encore l'essor de la fabrique forézienne, qui approvisionnait l'Espagne, l'Italie et le bassin méditerranéen.

La Révolution devait, toutefois, suspendre cette prospérité jusqu'au jour où la législation protectionniste de 1816 réserva à nos producteurs le marché national du coton. La spécialisation du travail dans l'élaboration des tissus de couleur affirma la vitalité des entreprises roannaises, qui atteignirent leur apogée au milieu du dernier siècle. Grâce à la « toile de Vichy », Roanne connut une fortune inespérée, au point qu'on put écrire : « La France, amputée de Mulhouse, compensa cette perte en trouvant Roanne. » (Dumoulin).

Le Centre eut la clairvoyance de perfectionner ses fabrications en modernisant son outillage. Malheureusement, la surproduction, des conflits sociaux renouvelés, l'augmentation des charges devaient rendre précaire la situation des industriels dans les années qui ont précédé la guerre.

A l'époque où éclata le conflit, la filature avait presque disparu. Elle n'était plus représentée que par les 10.000 broches de l'usine de Cadolon, qui ravitaillent un tissage annexé à cet établissement. Tous les autres ateliers recevaient leurs filés de Normandie ou du Nord. Roanne seule comptait 26 tissages, et sa campagne une vingtaine au moins.

Depuis lors, peu de modifications ont été apportées à la fabrication, Roanne renferme 25 usines et 9.000 métiers. Dans le rayon, Belmont comporte trois manufactures, Montagny une, Lay trois, Saint-Symphorien une, Le Cergne huit, Sevelinges deux, Saint-Bonnet trois, Le Coteau quatre, Charlieu une, Riorges deux, Cuinzier trois, Combres quatre.

Si nous faisons état uniquement des établissements syndiqués, nous constatons que quatre maisons comportent moins de 200 métiers, douze de 250 à 500, deux de 500 à 1.000, une plus de 1.000. En fait, on doit enregistrer deux maisons de plus de 1.000 métiers, à Roanne même, six de 500 à 1.000, à Roanne et Montagny, et une quinzaine de 250 à 500.

En principe, l'industrie roannaise relève donc de la grande industrie, si l'on fait abstraction des nombreux ateliers essaimés particulièrement dans la campagne. Mais il convient de noter que la guerre a provoqué l'ouverture de nouvelles maisons ne disposant que de quelques métiers. On observe une tendance marquée à la déconcentration des opérations.

Parallèlement à cette évolution, favorisée incontestablement par la diffusion de l'électricité, on doit ne pas oublier qu'après avoir exclusivement travaillé le coton, Roanne a instauré la préparation des tissus de fantaisie. L'adjonction de la laine au coton a été de plus en plus pratiquée. A Regny on a, d'autre part, entrepris l'exécution des serviettes-éponges.

Les relevés du conditionnement de Roanne ne permettent pas, comme avant la guerre, de mesurer l'importance de la production (en 1913, on enregistre 2.986 opérations, portant sur 661.401 kilos de coton), mais du moins, pouvons-nous apprécier tout le développement pris par l'usage de la laine.

En 1921, 181 conditionnements ont été effectués, portant sur 55.747 kilos de laine, et 339 ont porté sur 199.142 kilos de coton. En 1922, 113.500 kilos de laine représentant 274 parties, ont été soumis au contrôle, contre 127.833 kilos de coton (337 parties). Ainsi la laine semble vouloir balancer le coton, alors qu'en 1913 le tonnage de laine conditionné n'excédait pas 24 % du poids du coton, et en 1909, 12 % seulement. L'essor de la bonneterie explique, dans une certaine mesure, l'accroissement de la consommation des laines.

Il convient de remarquer que l'industrie cotonnière roannaise s'appuie sur une solide industrie de la teinture et du blanchiment, remontant à un siècle. Roanne renferme trois grandes teintureries — plus de 100 ouvriers — exploitées par des sociétés anonymes, et plusieurs maisons de second plan. Regny s'honore aussi de ses deux teintureries. Au total, 10 ateliers, avec 1.040 ouvriers. Roanne tisse spécialement le fil teint. Cependant, devant l'extension de l'emploi des fils écrus, la Société de Teinturerie et Impressions de Roanne a introduit la teinture en pièces, autrefois inconnue dans le pays.

II

Thizy, Cours et Amplepuis

Peut-être n'existe-t-il pas, sur le territoire national, et sur un espace aussi restreint, d'industrie textile aussi complexe que celle du rayon de Tarare. Dans les Flandres, le coton, la laine, le lin se juxtaposent, sans, toutefois, s'interpénétrer. Dans les montagnes du Beaujolais, au contraire, les fabrications, sont, pour ainsi dire, confondues. C'est ce qui fait que la physionomie du rayon est si difficile à fixer, et qu'elle échappe même aux esprits les mieux renseignés.

Cependant, nous allons tenter d'en dégager le dessin. On ne saurait, à la vérité, y parvenir, si l'on omet de préciser tout d'abord le caractère géographique de ce pays, tourmenté, et qui constitue une zône de transition et d'isolement à la fois entre les bassins de la Loire et du Rhône. Entre Roanne et Lyon, entre l'ancien lac géologique de la Loire, depuis remblayé, et la plaine de la Saône, le rempart cévenol apparaît comme un chaos. La chaîne s'est déchirée comme à la suite de profondes convulsions. Le bouleversement s'affirme non seulement par l'aspect du décor, mais encore par la variété de composition des terrains. Ici dominent les granits, là les calcaires, ailleurs des porphyres. Nulle part on ne constate une unité quelconque dans la formation naturelle. Les centres sont comme perdus, avec des contacts médiocres.

Sans la voie ferrée de Lyon à l'Arbresle et Roanne, les échanges et les relations ne pourraient être que réduits au minimum. Tarare est aussi éloigné de Lamure que d'Amplepuis, bien que n'en étant qu'à une vingtaine de kilomètres.

Il en résulte que la grande industrie textile n'a pu se développer dans ce rayon qu'à une époque récente, lorsque le rail ouvrit des communications entre les principaux bourgs. D'un autre côté, un certain particularisme s'est perpétué à la faveur de l'isolement naturel. Enfin, l'orientation du travail a été influencée diversement selon que les moyens de transport ont rapproché les noyaux de la population de tel ou tel centre économique. C'est ainsi que Tarare, étant inféodé au bassin de la Saône par la Tardine, qui l'arrose, a lié partie avec Lyon, et a surtout pratiqué la transformation de la soie. Au contraire, Cours, relié à Roanne par la vallée de la Trambouze, s'est consacré au coton, comme Thizy, son chef-lieu cantonal. Amplepuis, qui occupe une situation intermédiaire, a subi la double influence de Tarare et de Roanne.

La fabrique de Thizy a toujours travaillé en parallèle avec celle de Roanne. L'exécution des cotonnades n'y remonte, cependant, guère au delà de l'année 1850. Comme à Laval, et ailleurs, elle s'y substitua à une antique industrie de la toile, fréquente autrefois dans les montagnes, et particulièrement favorisée dans ces lieux par l'extension de la culture du chanvre, aujourd'hui abandonnée. La transposition du coton sur la toile est la caractéristique la plus frappante de l'évolution moderne des fabrications textiles.

Le quartier de Thizy comprend 13 établissements de tissage à Thizy même, 7 à Bourg-de-Thizy, 4 à Pont-Trambouze, c'est-à-dire dans la vallée de la Trambouze, 2 à Saint-Jean-la-Bussière, 4 à Cublize, 8 à Mardore, 3 à La Chapelle-de-Madore, 12 à Saint-Vincent-de-Rhins, 3 à Saint-Bonnet, 8 à Thel, dans la vallée de Rhins ou dans son axe, toutes localités du Rhône, sans compter les ateliers de La Gresle, Sevelinges, Combres dans la Loire.

Le rayon déborde même vers le Nord-Est sur Grandris et Lamure.

L'article de Thizy ne diffère guère de celui de Roanne, si ce n'est qu'on prépare dans le Rhône des tissus pour la chemiserie, qui sont utilisés à Thizy même par une dizaine de maisons de confection, en pleine prospérité.

Deux localités, Cours, très étroitement rattachée au quartier de Thizy, qu'elle prolonge vers le Nord, et Amplepuis, qui incline vers Tarare, ont instauré des fabrications spéciales. Amplepuis élabore du coton cardé et, avec Cours, réalise la couverture. Toutefois, il s'en faut de beaucoup que l'activité de cette dernière se puisse comparer à celle d'Amplepuis.

La seule cité de Cours livre pour une soixantaine de millions de tissus par an. On n'y compte pas moins de six ateliers cotonniers, dont le plus ancien a été créé il y a environ 70 ans. Amplepuis n'a qu'une usine de couvertures. La fortune de Cours a tenu, il faut le reconnaître, à la spécialisation de la fabrication, et à l'heureuse initiative de ses manufacturiers. Ceux-ci ont, en effet, orienté la production vers la fourniture de tissus brillants, dans lesquels la laine entre dans la proportion de 10 à 12 %, parfois de 25 %.

Les produits sont agréables à l'œil, et beaucoup moins chers que les couvertures de laine. Aussi leur succès a-t-il toujours été en progression.

Cours pratique également le molleton, le tapis de prières, la tenture algérienne.

Pont-Trambouze exécute aussi un peu de couvertures.

L'industrie du coton occupe 9.785 ouvriers dans le rayon de Thizy-Amplepuis, dont 8.300 pour le canton de Thizy, 1.000 pour celui d'Amplepuis et 485 pour Lamure. L'élément féminin figure dans ce total pour 50 % environ. 4.195 métiers mécaniques sont installés pour le seul travail du coton ; le canton de Thizy en groupe à lui seul 3.785, celui d'Amplepuis 300, Lamure le complément. En outre, on peut évaluer à 25 le nombre d'appareils réservés à la fois à la soie et au coton.

Cette statistique permet de se rendre un compte exact du caractère de l'industrie cotonnière du Rhône. Amplepuis, Saint-Vincent-de-Rhins, Cublize, c'est-à-dire le canton d'Amplepuis, disposent, à une exception près, de petits ateliers, avec des moyens limités. Au contraire, Thizy, Bourg-de-Thizy, Pont-Trambouze, Cours, Saint-Jean-de-Bussière, Mardore, sont pourvus d'usines puissantes et de matériel avant tout mécanique. Le canton de Lamure-sur-Azergues, avec Thel, Grandris, Ranchal, ne réunit guère plus de 200 métiers au total. Dans le canton de Thizy, une quinzaine de maisons occupent plus de 100 métiers, dont 6 s'honorent d'en avoir installé plus de 300.

Si l'on englobe toute la production, celle-ci paraît atteindre actuellement 200 millions, dont 90 à 100 pour Thizy et ses abords, Cours excepté.

Cet inventaire demeure pourtant encore incomplet. Il n'a pas fait état de la fabrication à Thizy des étoffes d'ameublement, et encore moins de la soierie beaujolaise. En effet, de même que le coton de la Trambouze a débordé dans la vallée de Rhins, la soie lyonnaise a peu à peu tendu à envahir le Roannais. Elle a conquis aussi le canton d'Amplepuis, qui participe aux fabrications de la Loire et du Rhône, et a même, mais très légèrement, gagné Thizy. On enregistre, de ce chef, 50 métiers à bras pour soie dans le canton de Thizy, 150 dans celui de Lamure, tandis que le canton d'Amplepuis groupe 500 appareils à soie, dont 400 mécaniques. La soierie, en définitive, fait vivre dans le rayon 800 ouvriers, dont les deux tiers pour Amplepuis.

Nous constatons, par suite, que les trois cantons étudiés renferment 1.900 métiers à bras et 4.626 métiers mécaniques, servis par plus de 10.500 ouvriers et ouvrières.

On ne saurait nier que cette expansion industrielle, dans des régions déshéritées et d'accès pénible, représente un remarquable effort de volonté. Celui que Tarare a réalisé, et que nous aurons à examiner, ne représente pas un intérêt moindre.

III

Tarare

Lorsqu'on a franchi les monts de Tarare, qui isolent Thizy-Amplepuis du pur Lyonnais, et le bassin de la Loire de celui du Rhône, on quitte l'industrie du coton proprement dite pour celle de la soie. Tarare apparaît vraiment comme un satellite de Lyon. Tarare intronisa, toutefois, de très bonne heure la préparation de la mousseline, qui devait faire sa fortune, après avoir tissé le chanvre. C'est au fils d'un marchand de toiles, du nom de Simonnet, que revient l'honneur d'avoir introduit cette fabrication en 1756.

Ultérieurement, la fabrique de Tarare associa la broderie à la mousseline et enfin engagea la lutte contre St-Quentin et Calais pour la broderie mécanique (1850) en s'appuyant sur la tullerie lyonnaise. Cependant, vers 1880, les industriels du rayon ouvrirent des tissages à leur usage. Jusque-là, Tarare n'avait guère pratiqué que la broderie d'ameublement et le point de rideau.

L'article Saint-Gall-Plauen commença d'être exécuté après 1880.

L'industrie du Beaujolais ne présentait pas, à vrai dire,

d'homogénéité. Les tissus de Tarare étaient, en effet, réalisés non seulement dans le Lyonnais, mais dans une quinzaine de départements, dont la Loire et la Haute-Loire, pour le compte des fabricants, devenus dans bien des cas des entrepreneurs-négociants.

La diffusion du tissage mécanique à Tarare devait entraîner une surproduction. Pour y remédier, le tissage orienta ses travaux dans un sens nouveau. A côté des nansouks et tissus de coton forts, il inaugura la confection des produits mixtes de soie et de coton.

D'un autre côté était instaurée la préparation des gazes à pansement dans des conditions particulièrement curieuses. C'est ainsi qu'une grande partie des matières provenaient des Vosges, Tarare se contentant de la manutentionner. Enfin, l'industrie du plumetis prit un rapide essor, mais pour traverser une série de vicissitudes dans les années qui ont précédé la guerre.

L'ère des hostilités devait, contrairement à toute attente, n'apporter que de médiocres changements dans la production lyonnaise. Le nombre des articles livrés fut réduit. Par contre, les broderies genre suisse furent très demandées, et Tarare fut appelée à concourir à l'approvisionnement de l'armée en tissus de pansement ou de gargousses.

A l'inverse de ce qu'on observa ailleurs, de nouvelles fortunes ne s'échafaudèrent pas. Les situations acquises furent simplement consolidées.

La fabrique de Tarare n'est, actuellement, pas concentrée. Les sièges sociaux sont effectivement groupés au centre du quartier, mais les usines sont très disséminées. On observe que, de même que le coton roannais a envahi peu à peu le Lyonnais, en retour la mousseline et la broderie ont débordé vers la Loire, ce qui s'explique par les relations existant entre Tarare et le Roannais.

Alors qu'au Nord l'industrie mixte de Tarare se poursuit jusqu'à l'extrémité du canton d'Amplepuis, qu'au Sud elle ne présente aucune projection, qu'à l'Est elle ne franchit pas la limite orientale du canton de Tarare, vers l'Occident elle se prolonge jusque vers Panissières.

Le plumetis va plus loin encore, et prospère vers la Pacaudière, aux portes de Roanne.

Le travail s'exécute tant en usines que dans de petits ateliers, comme le métier mécanique n'a pas fait disparaître le métier à bras. En effet, le canton de Tarare compte 2.356 métiers mécaniques, dont 1.264 pour le coton, et 992 pour la soie et coton, contre 1.502 métiers à bras, dont 1.119 pour la soie et 271 pour la soie et le coton, et seulement 100 pour le coton. Ce qui revient à dire que la préparation des tissus de coton ou mixtes est plutôt concentrée dans les usines, tandis que le tissage de la soie pure a conservé davantage sa physionomie d'autrefois.

Mais ici une remarque essentielle s'impose. La diffusion de l'électricité dans la plupart des campagnes du Beaujolais, à une époque récente, a eu pour corollaire une évolution technique de la fabrique. Beaucoup d'établissements, assurés de la force nécessaire, ont émigré hors de la ville. Il y a eu déconcentration générale. De moindres exigences de la main-d'œuvre villageoise ont hâté cet exode. C'est d'ailleurs pour la même raison que l'industrie du Beaujolais a essaimé vers la Loire.

Ceci n'implique nullement un excès de bras disponibles. Tarare ne pourrait multiplier ses métiers. Le canton de Tarare emploie 5.900 ouvriers et ouvrières, dont 4.500 pour le coton. Avec les ateliers d'Amplepuis exécutant l'article de Tarare, on peut évaluer à 6.000 âmes la population active, laquelle actionne 2.700 métiers mécaniques et 2.000 à bras. Au total, on doit fixer à 140 le nombre des établissements, en y comprenant les ateliers familiaux du quartier.

Pour sa part, la ville de Tarare réunit une vingtaine d'usines, dont les plus considérables occupent 350 à 400 ouvriers. La production consiste en mousselines, gaz, velours, plumetis, broderies d'ameublement, broderies religieuses, tarlatanes, broderies suisses, et, depuis peu, tissus pour la robe et la lingerie.

Il semble qu'on doive rattacher, logiquement au rayon l'industrie de Charlieu, dans la Loire. Bien que plus rapprochée de Roanne que du Lyonnais, la fabrique de Charlieu s'adonne presque exclusivement au travail de la soie. Elle ne comporte, d'ailleurs qu'une série de petits ateliers, une dizaine de tissages à bras, autant de tissages mécaniques, plus quelques établissements dans les environs, à Chandon, à Jarnosse, à Saint-Denis-de-Cabanne, aux Cordeliers.

Il apparaît très difficile, vu la variété des produits élaborés, d'estimer précisément la valeur de la production de l'article de Tarare, mais on ne saurait être loin de la vérité en la fixant autour de 100 millions annuellement. Il est toutefois, regrettable que l'avenir de cette fabrication soit inquiétant. Le change a provisoirement écarté la concurrence de Saint-Gall, mais celle-ci demeure redoutable et il faut bien reconnaître la menace que nous fait courir la puissance industrielle de l'Allemagne. L'instabilité de la mode est aussi un péril pour la fabrication, car elle peut provoquer des chômages, et, par suite, l'émigration de la main-d'œuvre.

Aussi s'est-on demandé si Tarare ne devrait pas modifier sa fabrication et incliner vers l'exécution des articles lyonnais et l'association de la schappe au coton. Cette formule aurait, malheureusement, pour résultat d'enlever à Tarare son individualité économique, et d'en faire une sorte de prolongement de la métropole lyonnaise.

La résistance de Tarare aux obstacles qui menacent sa vitalité est, d'un autre côté, affaiblie par le particularisme outrancier de ses industriels, par l'insuffisante concentration des capitaux, par le manque de cohésion des efforts. L'esprit ancien s'est trop volontiers perpétué dans le Beaujolais, à la faveur de son isolement. Ce défaut d'adaptation aux nécessités nouvelles constitue une cause de régression et d'embarras pour l'avenir. Cependant, on ne saurait oublier que des maisons de Lyon ont, de plus en plus, pénétré dans le rayon de Tarare, et c'est sans doute sur leur concours qu'on doit fonder les meilleures espérances pour la pérennité d'une industrie éminemment nationale.

IV

La Draperie de Vienne (Isère)

Dans l'industrie de la laine, Vienne représente avec Elbeuf, un centre essentiel de la draperie française. Cette fabrication remonte, d'ailleurs, à la nuit des temps. Il est établi que Vienne livrait des tissus appréciés dès avant le XVIIIe siècle. Le foulonnage était favorisé par la qualité particulière des eaux de la Gère. Néanmoins, l'essor du lainage viennois date surtout de l'arrivée de Buisson, de Limoux, — la draperie de l'Aude était alors célèbre — et de son alliance avec les industriels lyonnais.

En 1732, l'Etat institua à Vienne une manufacture royale, qui comptait, en 1765, 1.530 ouvriers, chiffre considérable pour l'époque.

Elle devait se transférer à Beychevienne en 1830, et fermer ses portes en 1850.

L'épanouissement définitif de la draperie viennoise s'affirma seulement après 1875.

En 1914, à la veille de la guerre, l'industrie de l'Isère comportait 23 filatures (59.500 broches, d'après de tout récents examens) et 31 tissages (1.560 broches), mais il importe d'observer que les chiffres précités se réfèrent soit à des producteurs travaillant pour leur compte, soit à des façonniers opérant pour autrui. En outre, 10 foulonniers, 11 apprêteurs et 31 fabricants constituaient le groupe viennois. Quatre maisons seulement pouvaient faire de l'intégration et mettre en œuvre complètement la matière première. Ajoutons qu'une maison s'était spécialisée dans la préparation du drap ecclésiastique, et deux dans celle des draps de billards. Cette double industrie a disparu.

Au début de 1923, 26 établissements filaient la laine, et pouvaient faire tourner 72.680 broches, de cardé uniquement (66.467 en 1921). Une seule de ces entreprises groupait plus de 10.000 broches, toutes les autres réunissant un effectif moyen.

De son côté, le tissage agglomérait 41 maisons, et 1.940 métiers, mais les statistiques du comité de la laine et du syndicat local ne font pas entrer en ligne de compte 230 métiers relevant de petits ateliers, de sorte qu'en réalité on doit fixer à 2.160 le nombre des engins de tissage. A l'exclusion d'un seul, tous les tissages ont moins de 250 métiers. Si l'on s'en tenait à la lettre de ces statistiques, on pourrait croire qu'il y a augmentation du nombre des maisons.

Tout, au contraire, le matériel des façonniers a été acquis par des industriels, soit privés, soit en sociétés anonymes. La formule de la société anonyme a été de plus en plus généralisée sous la pression des législations fiscales.

A part deux ou trois filatures, le travail à façon a été abandonné, et la même évolution s'est produite en ce qui touche le foulonnage, la teinturerie et l'apprêt.

En principe, aujourd'hui, les fabricants, même lorsqu'ils recourent au façonnage, possèdent leur tissage personnel.

D'une manière manifeste, le phénomène de la concentration s'est affirmé depuis 1914, et les deux plus puissantes firmes viennoises ont donné l'exemple en s'agrégeant leurs destins.

Cette concentration a été continue depuis 1870, date à laquelle on signalait 250 foulonniers. Le perfectionnement de l'outillage a été poursuivi concurremment. La corderie a remplacé ses anciens assortiments par un matériel de grande largeur où l'automatisme a été développé. Le tissage, de même, a aménagé des appareils anglais, assurant un plus grand nombre de duites à la minute.

On ne saurait donc nier les progrès réalisés depuis 1903 dans le domaine de la filature (61.600 broches), et de la fabrique (1.600 métiers). L'atelier de famille n'existe plus que de nom. L'article à prix réduits l'avait déjà exécuté vers 1900.

Le rayon de Vienne, relativement peu étendu, ne comprend, en dehors de Vienne, que Sainte-Colombe, Pont-l'Evêque et la filature de Sérezin.

L'industrie drapière emploie 7.300 ouvriers environ (5.200 en 1913). Dès avant la guerre, la pénurie de main-d'œuvre gênait les industriels, qui avaient dû faire appel à l'aide espagnole et italienne pour une faible part. Actuellement, les concours extérieurs tendent à s'amplifier. 20 % au lieu de 15 % en 1903. Dans ces conditions, les salaires ont progressé fatalement. Le garnisseur de cardes, payé au plus 3 fr. 50 en 1903 et 5 fr. 50 en 1913, reçoit de 13 fr. 50 à 16 fr. 50 pour 8 heures de collaboration, le débourreur 16 fr. contre 4 à 5, et 4 fr. 50 à 6, le fileur autant pour 4 à 6 en 1903 et 4 fr. 50 à 7 en 1914, la bobineuse de 10 fr. 70 à 12 fr. 10, contre 2/3,50 et 3/50. Le tisseur, homme ou femme, aux pièces, gagne de 3 à 400 fr. par mois, pour 125 à 150 il y a 20 ans, et 160 à 200 en 1914.

L'activité industrielle de Vienne se peut aisément mesurer par quelques chiffres, recueillis par la Chambre de commerce et résumés dans le tableau ci-contre :

Laines

	Entrées	Sorties
1913	2.183.155	1.073.648 (1)
1921	636.511	40.912
1922	809.165	62.283

Déchets

	Entrées	Sorties
1913	»	»
1921	748.649	364.769
1922	1.548.300	432.246

Chiffons

	Entrées	Sorties
1913	5.814.111	604.078
1921	902.826	175.863
1922	2.046.980	341.058

(1) Déchets compris.

Draps

	Entrées	Sorties
	—	—
1913	152.368	5.334.062
1921	58.516	2.051.447
1922	23.226	3.660.716

Filature laine

	Entrées	Sorties
	—	—
1913	597.906	896.487
1921	67.917	46.720
1922	200.883	108.610

Feutres et laines cardées

	Entrées	Sorties
	—	—
1913	143.342	180.773
1921	1.208	204.452
1922	1.424	409.096

Ces relevés appellent quelques observations : 1° 1921 a été affecté par une grave crise de production ; 2° Vienne utilise plus de laines et déchets qu'avant-guerre, et moins de chiffons ; 3° la journée de 8 heures a réduit les expéditions de fils.

En 1922, le rayon viennois avait livré 3.600.000 kilos de drap, pour 3.000.000 en 1912, et 5 en 1913 (journée de 10 heures), et son chiffre d'affaires devait voisiner 125 millions.

La quasi-totalité alimente le marché national. Des tentatives pour conquérir la Roumanie, la Yougoslavie, la Scandinavie, n'ont pas donné tout ce qu'on en pouvait attendre. Mais il semble que ce soit partie remise, et l'initiative viennoise n'est pas de celles qu'on rebute.

V

Le Commerce des Soies à Lyon

Lyon est une métropole, non seulement de par l'histoire, qui en fit la Primatie des Gaules, et en vertu de sa position géographique, qui domine les routes de la Méditerranée, de l'Italie, de la Suisse, de l'Alsace, de la Lorraine, du Centre et du bassin de la Seine, mais, encore et surtout, parce qu'elle représente le marché mondial de la soie.

La soie est fournie aujourd'hui par l'Extrême-Orient, l'Asie centrale, le Levant et le bassin méditerranéen. Longtemps, la Chine— Shangaï et Canton — eurent le quasi-monopole de la vente des fils de soie. Le Japon sut habilement lui ravir ce privilège, cependant que l'Europe et le Levant demeuraient dans l'expectative.

La production mondiale n'a cessé, cependant, de s'élever, passant en moyenne de 8.854.000 kilos pour la période 1876-80, à 9.438.000 pour 1881-85, 11.600.000 pour 1886-1890, 15.295.000 pour 1891-95, 17.053.000 pour 1896-1900, 19.092.000 pour 1901-05, 23.212.000 pour 1906-10, 24.948.000 pour 1911-15. Malgré la guerre, la fourniture a atteint 27.125.000 kilos en 1916, pour s'équilibrer à 27 millions 315.000 en 1919, 20.830.000 en 1920 et 25 millions en moyenne pour les trois dernières années (32.235.000 en 1922)

Jusqu'à la guerre, l'augmentation a été constante. Depuis 1871, la progression a été de 275 %.

Or, l'Europe (France, Italie, Espagne, Autriche-Hongrie) n'a participé à cette avance que pour bien peu (4.840.000 kilos en 1914, contre 3.676.000 en 1871-75), la moyenne de 1891-95 ayant singulièrement fléchi, puisqu'elle s'élevait à 5.518.000 kilos.

L'essor des cultures de primeurs a détourné la campagne méditerranéenne de l'élevage du bombyx.

Par contre, voici que le Japon a porté sa récolte en moyenne de 691.000 kilos en 1871-75 à 10.771.000 en 1911-15, 12.005.000 en 1916, 14.390.000 en 1917, 15.445.000 en 1918.

Malgré l'extension du tissage japonais, il ne semble pas que l'Europe doive être affectée de sitôt par une crise de la matière première.

Voyons maintenant comment se répartit la consommation. De 1890 à 1900, nous avons pris de 3.600.000 à 4.200.000 kilos, l'emportant sur les Etats-Unis.

Mais à dater de 1900, l'Amérique n'a cessé de nous disputer la soie, et de nous précéder, réclamant pour sa part jusqu'à 10.700.000 kilos en 1911-13, alors que nous n'exigions normalement que 4.300.000 kilos environ.

En 20 ans, la consommation des Etats-Unis avait quadruplé, en Allemagne elle avait doublé, et plus encore en Russie, en Italie et en Autriche.

L'Angleterre semblait se désintéresser de la soie.

La guerre a encore accru l'écart entre les exigences américaines et celles d'autrui. Pour 1920-1922, les savantes statistiques de la maison Chabrières Morel évaluent les achats moyens des Etats-Unis à 19.053.000 kilos, et ceux du reste du monde à 6.048.000 kilos, trois fois moins. Il y a là un péril qu'on ne saurait nier.

Il est d'autant plus grave que la consommation de la soie s'est accrue depuis 1890, avec une régularité mathématique et en dépit des crises économiques et politiques, passant de 12.600.000 kilos pour la période 1890-92, à 26.500.000 pour la période 1911-1913.

Bien que la consommation française ne soit évaluée qu'à 4.400.000 kilos environ, le tonnage des soies traitées sur le marché national est singulièrement plus élevé. Lyon est, en effet, le centre auquel s'approvisionne la soierie européenne, l'Italie et la Suisse, voire l'Angleterre et l'Allemagne. C'est ainsi qu'en dépouillant les relevés des bureaux de conditionnement français, nous constatons qu'il avait été enregistré en 1912, pour la France, 10 millions 703.000 kilos ; en 1914, 6.476.249 ; en 1918, 5.667.284 ; en 1919, 7.754.556 ; en 1920, 6.563.226 ; 4.622.081 en 1921 et 6.613.432 en 1922.

Les chiffres pour l'Italie sont supérieurs aux nôtres, il faut le reconnaître. Rien que pour les années 1919, 20 et 21, l'écart est manifeste : 8.128.450, 6.108.847, 6.724.733 kilos Mais n'oublions pas que Lyon a des comptoirs outre-Alpes, et que bien des soies italiennes sont traitées à Lyon sans transiter par la ville rhodanienne. On doit aussi faire état de ce que Saint-Etienne et Saint-Chamond sont des annexes de Lyon. Milan ne saurait donc l'emporter sur Lyon pour le négoce de la soie.

Grand marché de concentration, Lyon reçoit un tonnage considérable de soies grèges qui se chiffrait en 1922 à 5 millions 757.200 kilos, des provenances suivantes : Chine, 2 millions 951.200 (en 1913, 3.814.100) ; Japon, 1.510.600 (1.659.900) ; Italie, 915.900 (1.074.800) ; divers, 379.600 (997.000). En outre, en 1922, Lyon a introduit 120.000 kilos de soies ouvrées contre seulement 4.300 en 1913.

Mais, par contre, Lyon a alimenté sa clientèle avec activité envoyant en 1922 90.900 kilos à l'Italie, 30.200 à l'Espagne, 17.810 à l'Angleterre, 65.900 à la Suisse, 45.900 aux Etats-Unis, 67.100 à l'Algérie, 32.800 ailleurs ; au total, 350.600, résultat bien modeste si on le compare à ceux du passé : 575.900 en 1914, 715.800 en 1917, et surtout 1.883.900 en 1912.

Ceci n'empêche pas le commerce de la soie de faire vivre 50 à 60 maisons de Lyon, et quelles maisons ! Une quinzaine font de 40 à 50 millions d'affaires, 20 de 20 à 30. Certaines firmes accusent un mouvement de 50 millions, et les moindres enregistrent une dizaine de millions d'opérations. La guerre ne les a ni surprises, ni atteintes. Le volume général des affaires ne s'est guère modifié depuis dix ans, mais, par suite du décalage des prix, on doit tabler sur un total annuel de 1.800 millions à 2 milliards. Aucun commerce centralisé ne saurait être comparé en France à celui de la soie lyonnaise.

VI

Le Moulinage et la Filature de la Soie

Le marché lyonnais de la soie utilise simultanément les soies grèges et ouvrées d'importation, les cocons nationaux et ceux d'origine étrangère. Les cocons sont traités dans les nombreuses filatures du sud-est et du centre. On en compte 12 dans l'Ardèche, 2 dans les Bouches-du-Rhône, 4 dans le Var, 3 dans le Vaucluse, 4 dans l'Isère, 1 en Corse, 19 dans la Drôme, 50 dans le Gard, 6 dans l'Hérault, 3 dans l'Aveyron, 3 dans le Rhône, 6 en Lozère, 1 dans le Tarn-et-Garonne.

On peut fixer à un million de kilogrammes en chiffres ronds le poids des cocons livrés à la filature. Celle-ci, en retour, alimentait la consommation de la proportion suivante de soies grèges : 1910, 424.000 kilos ; 1911, 338.000 ; 1912, 366.600 ; 1913, 343.700 ; 1918, 295.500 ; 1919, 180.000 ; 1920, 250.000 ; 1921, 250.000 environ.

Il importe de remarquer que l'industrie de la filature tend à péricliter. On n'enregistrait plus en 1912 que 175 établissements contre 240 en 1903, et de 1903 à 1912, le nombre des bassines avait fléchi de 13.608 à 8.949. Ce déclin ne saurait surprendre si l'on observe que la sériciculture nationale elle-même témoigne d'un recul sensible. Alors qu'on chiffrait à 122.045 le nombre des sériciculteurs en 1906, et à 124.643 en 1907, leur effectif a fléchi à 119.067 en 1909, 102.605 en 1911, 90.517 en 1913, 83.825 en 1914, 60.057 en 1918, 52.401 en 1919, 48.052 en 1922. La régression a été presque continue.

Simultanément, et tout naturellement, la quantité de graines mises en incubation a diminué, passant de 178.303 onces en 1906 et 188.360 en 1907 à 183.181 en 1909, 141.724 en 1911, 126.678 en 1913, 108.943 en 1914, 67.136 en 1918, 57.075 en 1919 et 56.256 en 1922.

Corollairement d'ailleurs, les récoltes de cocons n'ont cessé de s'effriter, s'effondrant de 8.396.201 kilos en 1907 à 5.109.246 en 1911, 4.417.426 en 1913, 3.010.440 en 1918, 2.321.547 en 1919, et 2.571.000 en 1922. La moyenne décennale étant naguère de 6 millions de kilos, la production française a donc décru de moitié, cependant que le nombre d'éleveurs se réduisait de 6.070.

Toutefois, le relèvement des prix de toute nature a eu une heureuse répercussion sur les opérations de la sériciculture. Tandis que la valeur des produits recueillis n'excédait guère 12 millions en 1916, elle s'est élevée à plus de 22 millions en 1918, et 37 millions en 1922.

Les fils sont envoyés aux moulinages, mais les mouliniers traitent indistinctement les grèges nationales et les autres. Ils recevaient, à cet effet, 3.408.100 kilogrammes en 1910, 3.226.700 en 1913, 2.200.500 en 1918, 2.549.000 en 1919, 2.065.000 en 1920, 1.530.000 en 1921.

Grosso modo on doit estimer à 600 le nombre des mouliniers français, répartis dans l'Ain (3), l'Ardèche (244), la Drôme (100), l'Hérault (58), l'Isère (32), la Loire (9), la Haute-Loire (61), le Puy-de-Dôme (6), le Rhône (13), Vaucluse (25), etc. En général, le moulinage s'exécute à façon. Mais nombre de tisseurs et marchands de soie ont installé des usines. D'après des études du syndicat général lyonnais, au début de 1922 les mouliniers proprement dits disposaient de 400.000 fuseaux, les tisseurs mouliniers de 200.000, les fabricants de 100.000, et 50.000 navettes étaient en cours d'installation.

On constate, en effet, un redressement de cette industrie, un moment fort compromise. Peut-être le nombre des fuseaux a-t-il augmenté de 20 %. Cependant, le nombre des établissements n'a pas varié essentiellement. On ne saurait prétendre que de nouvelles usines se soient créées, et le moulinage reste plutôt dans le domaine de la moyenne fabrication. Les progrès réalisés ont été favorisés par les périodes d'activité qui se sont succédé depuis 1917.

A la faveur des années de prospérité, le moulinage qui s'était trop abandonné à lui-même, a très heureusement perfectionné son matériel. Si l'on rencontre encore des ateliers outillés comme il y a 50 ans, beaucoup d'autres ont été renouvelés.

Quoi qu'il en soit, le moulinage a livré en 1921, 1.020.000 kilos de soies, pour 1.445.500 en 1920, 1.784.300 en 1919, 1.650.500 en 1918, 2.581.700 en 1913, auxquels viennent s'ajouter les productions des tisseurs : 510.000 kilos en 1921, et antérieurement 619.500, 764.700, 550.000 et 645.000.

Ce tonnage est en grande partie consommé en France. En 1919, le pays a absorbé 1.172.300 kilos, et 1.305.700 en 1913 (en 1921, 486.800); mais l'exportation bénéficie pourtant d'un poids non méprisable. C'est ainsi qu'il est sorti en 1918, 686.000 kilos ; en 1919, 612.300 ; en 1920, 579.500 ; en 1921, 533.200 kilos de soies moulinées, écrues ou teintes (1.276.000 en 1913).

Malgré la modernisation de son outillage et une organisation rationnelle qui ne le cède en rien à celle de l'Italie, le moulinage ne semble pas devoir beaucoup se développer dans l'avenir. Il est trop saisonnier. L'été, l'ouvrier quitte l'atelier pour la culture. Cependant, l'accord récemment conclu entre les producteurs français et italiens pour le relèvement des tarifs douaniers, ne peut que stabiliser la fabrication.

VII

Le Tissage de la Soie

Les marchands de soie lyonnais, après avoir acquis les soies grèges ou ouvrées, les envoient au conditionnement, vieille institution, datant de 1805, et qui est comme le pivot de toute l'industrie lyonnaise. Les statistiques de ses opérations reflètent toute la vie de la soierie. En 1913, le Conditionnement de Lyon avait reçu 6.650.840 kgs de soie. En 1914, il manutentionna seulement 5.154.814 kgs.

Depuis la guerre, son activité a été grande, sans atteindre toutefois, celle d'avant les hostilités : 4.720.671 kgs en 1918, 6.402.963 en 1919, 5.517.927 en 1920, 3.956.068 en 1921. 5.806.023 en 1922. Les hauts prix de la matière première expliquent le recul observé. Nous sommes loin des 8.222.669 kilogs de 1912 et des 8.334.566 de 1910.

Les soies conditionnées ne sont pas toutes tissées dans le rayon de Lyon, tant s'en faut. En fait, on doit fixer à la moitié seulement des marchandises le tonnage qui nous est réservé, et Lyon, pour son compte, traite 8 % des soies consommées sur notre territoire.

Le tissage fut pratiqué à bras jusqu'en 1875, par les canuts, ouvriers en chambre auxquels les soyeux confiaient le tissu. L'introduction et l'essor du tissage mécanique ont eu pour résultat de réduire le nombre des métiers primitifs, et d'étendre le rayon de la fabrication. De Lyon, la soierie se diffusa dans le Bugey et le Dauphiné. Mais cette évolution entraîna une modification profonde de la soierie. De négociant, le soyeux tendit à devenir industriel. Néanmoins, le travail à façon a été perpétué.

En 1900, on avait estimé à 47.360 le nombre des métiers à bras et à 30.638 celui des métiers mécaniques employés par la soierie nationale. Au début de 1914, on n'enregistrait plus que 17.266 métiers à bras, tandis que le total des métiers mécaniques s'élevait à 42.029. Il y aurait donc eu suppression de 19.000 métiers à bras.

Simultanément, on a constaté la multiplication des usines. Les 9 départements du rayon renfermaient en 1909, 234 établissements. Or, en 1914, on en signalait 305.

Les dernières statistiques donnent 17.270 métiers à bras, 40.633 mécaniques, 1780 à velours et 2.112 à tulle. Le Rhône vient naturellement en bonne place pour cette fabrication. Les usines de Lyon, Villeurbanne, Givors, l'Arbresle, Tarare, Saint-Laurent-de-Chamoussey, Condrieu, Saint-Genis-Laval, Neuville et Amplepuis — 74 établissements — réunissent 4.632 métiers mécaniques et 65 à bras. En outre, le travail à domicile dispose de 1.367 appareils mécaniques et €.245 à bras, dont 1.323 et 2.900 pour la seule agglomération lyonnaise. Ajoutons-y 495 métiers à velours pour les 5 ateliers de Villeurbanne, Tarare et l'Arbresle, et 1.649 métiers à tulle, dont 333 pour Lyon-ville.

L'Isère — comme l'Ain — s'avancent jusqu'aux portes de la métropole. Ils ont été rapidement envahis par la soierie. En 1914, la Chambre de commerce de Vienne remarquait qu'en 15 ans le nombre des métiers avait progressé de 40 % (9.470 pour 6.820) et qu'il s'était créé 34 nouveaux ateliers, pourvus de 1.700 appareils.

Aujourd'hui, l'Isère grenobloise a installé 17.924 métiers, dont 2.478 pour Voiron, 2.109 pour Bourgoin, 2.069 pour Rives, 1.633 pour Pont-de-Beauvoisin, 1.930 pour le Grand-Lemps, 1.237 pour La Tour-du-Pin, 1.218 pour Saint-Etienne-de-Saint-Geoirs, 1.082 pour Vizille, plus 253 métiers à bras à La Tour-du-Pin, Morestel et Pont-de-Beauvoisin.

Le tissage à domicile, à La Tour-du-Pin, Beauvoisin, Saint-Geoire, Mayzieux, Virieu occupe 2.375 engins à bras et 11 mécaniques. Il faut, de plus, enregistrer l'existence de 109 métiers à tulle (La Tour-du-Pin) et 823 à velours (Voiron surtout). La Drôme, de son côté, figure pour 1.421 métiers à Saint-Vallier, Saillans, Crest, Saint-Jean-en-Royans, Saint-Donat, Valence, et 149 à tulle (Saint-Vallier) ; l'Ardèche avec 2.719, dont 1.038 à Annonay, et 25 tullistes à La Voulte ; l'Ain groupe 1.147 métiers d'usines (Poncin, Montluel), 80 à tulle (Ambérieu, Nantua) et 565 métiers à bras. La Loire s'honore de compter 8.382 métiers automatiques à Charlieu, Bourg-Argental, Pélussin, 462 à velours (Saint-Etienne) et 3 à tulle, plus à Charlieu et Feurs 6.069 métiers à bras et 151 mécaniques relevant d'ateliers familiaux. En Saône-et-Loire, Montceau, Charolles et Chauffailhes ont mis en service 885 métiers mécaniques, 24 à bras, tandis que 112 appareils mécaniques et 1.671 à bras ronronnent dans des logis à Chauffailhes, La Clayette et Semur-en-Brionnais.

Pour la Savoie, on mentionne 1.031 métiers et 62 à tulle (Saint-Pierre-d'Albigny, La Mothe-Servolex), et pour la Haute-Savoie 350 à Faverges et Rumilly.

On conçoit qu'il soit impossible de faire une départition entre les diverses catégories d'établissements. Disons seulement qu'en général les usines possèdent de 150 à 200 métiers ; rares sont celles qui en ont installé plus de 750.

La diffusion de l'électricité aura sans doute pour conséquence de rénover et moderniser l'atelier familial, et d'assurer sa pérennité, qui a fait la force de la soierie.

VIII

La Soierie lyonnaise : Production et Salaires

Avant la mobilisation, la soierie lyonnaise maintenait sa production au-dessous de 500 millions : 371.810.000 en 1882, 382.400.000 en 1892, 444.700.000 en 1902, 412 millions en 1912, 467.700.000 en 1913. Pendant la guerre, l'activité de la fabrique ne fut compromise que durant les premières années de lutte ; la fabrication se releva, en effet, de 319.550.000 en 1915, et 411.700.000 en 1916 à 548 millions 500.000 en 1917, 699.500.000 en 1918, pour atteindre, en fin de compte, un total de 2.373 millions en 1920, 1.688 millions en 1921 et 2.253 millions en 1922. Ne nous égarons d'ailleurs pas, quant à la valeur de ces résultats. Il serait puéril de croire que l'industrie lyonnaise fait beaucoup plus qu'autrefois. En réalité, le métrage exécuté est en régression. Mais les prix de revient démesurés de la matière première concourent à relever considérablement le chiffre des opérations.

Chaque année, la Chambre de commerce de Lyon établit la statistique détaillée de la production. Celle-ci aide à discerner l'orientation du travail et son évaluation. Comparons les bilans de 1913, 1918 et 1922 :

	1913	1918	1922
Tissus de soie pure unis	143	177	534
Tissus façonnés et brochés ...	37,5	31	185
Tissus mélangés	71,80	112	250
Velours et peluches	40,5	60	192
Mousselines et crêpes	103	165,5	805
Tulles et dentelles	29	22	32
Passementeries	24,5	28	95
Soie artificielle	4	15	140

Ce tableau permet de mesurer l'instabilité de la demande variant avec les caprices de la mode. Le soyeux est l'esclave à la fois de la couture et de la femme, qui, souvent, abusent de la situation. On observera également la très grande place occupée, aujourd'hui, dans la fabrication par les mousselines et gazes. Il est certain que le métrage de ces tissus a augmenté, le tulle ayant beaucoup perdu de sa vogue d'antan.

Il faut aussi noter l'exceptionnel développement de l'usage de la soie artificielle, à peine utilisée il y a dix ans, et qui entre, désormais, dans la composition de nombre d'articles de l'industrie lyonnaise.

Lyon exporte une très notable portion des tissus élaborés. On s'en rend compte en comparant les chiffres arrêtés par la douane pour les expéditions de soies-tissus — défalcation faite des rubans, plutôt exécutés à Saint-Etienne.

La France envoyait au dehors 249 millions de soie en 1903, 300 en 1905, 276 en 1910, 336 en 1913, 1.179 en 1919, 2.488 en 1922. Dans ces chiffres ne figurent pas les étoffes acheminées par colis postaux.

Nos principaux clients sont, par ordre d'importance, l'Angleterre (606 millions en 1921, y compris les rubans), les Etats-Unis (223), la Belgique (132), la Suisse (80), l'Allemagne (52). On constate, toutefois, une réduction du poids des tissus acquis par certains Etats. C'est ainsi que l'Angleterre ne nous a pris que 2 millions et demi de kilos en 1921, contre 3.467.000 en 1913 ; mais, d'un autre côté, il y a eu accroissement du tonnage pour les Etats-Unis (1.072.000 kgs contre 762.800) alors que l'Amérique tendait à s'affranchir de notre tutelle, la Belgique (603.000 pour 455.000), la Suisse (316.500 pour 289.500), voire l'Allemagne (195.800 contre 155.600), et l'Italie (78.300 pour 41.100).

Nous avons, à la faveur du change, largement augmenté nos expéditions dans des pays hier soustraits à notre marché : l'Argentine qui nous a pris 157.000 kilos, le Brésil, la Tunisie, où ne vendions aucune soie en 1914. Les Lyonnais se préoccupent de s'ouvrir de nouveaux débouchés. Leur volonté tenace et agissante est garante de leur succès à cet égard.

Il ne faut, d'ailleurs, pas oublier que la France elle-même peut absorber plus de tissus nationaux. N'a-t-elle pas importé en 1913 près de 50 millions de soieries étrangères, 192 millions en 1920, et 308 millions en 1922.

La fabrique lyonnaise se heurte, cependant, à la raréfaction de la main-d'œuvre. S'il y a encore quelques bras disponibles à la campagne, ils font défaut à la ville, malgré l'afflux des populations rurales durant la guerre.

On cherche présentement à pallier à cette insuffisance par la collaboration d'ouvriers polonais. Néanmoins, outre que les formalités à remplir sont longues, on est encore entravé sur ce terrain par la crise du logement urbain.

L'installation du personnel dans la banlieue de Lyon n'a pas résolu le problème, car les transports des habitations à l'atelier sont particulièrement difficiles.

La loi de 8 heures est venue compliquer une tâche déjà ardue. Ajoutons que le personnel spécialisé d'autrefois, sans égal au monde, a été entamé par la guerre, et dispersé, et qu'il y a un retard sensible dans la formation des apprentis. Ce sont causes de soucis pour les industriels.

Pourtant, les salaires n'ont pas atteint certains niveaux enregistrés ailleurs.

Cela tient à la variabilité de la mode qui, par exemple, rejette le tulle actuellement. L'ouvrier, toujours payé à la façon, touche de 10 à 12 francs, pour 3 à 4 en 1913. Dans l'ensemble, le relèvement varie de 300 à 350 %.

IX

La Schappe et la Laine

Deux industries connexes se sont développées parallèlement à celle de la soierie : la schappe et l'industrie lainière. On désigne sous le nom de schappes des produits inférieurs, résultant du traitement chimique et mécanique des déchets de la filature et du moulinage, ou des cocons avariés.

Les matières ainsi élaborées sont ensuite cardées, filées et tissées. Leur bas prix relatif les a fait de plus en plus rechercher. Aussi traitait-on 1.996 tonnes de schappe en 1903; 2.348 en 1906 ; 2.711 en 1909 ; 2.600 en 1913 dans les filatures de l'Ain (Saint-Rambert, Bellegarde, Challey, Ambérieu, Tenay), des Hautes-Alpes, du Rhône (Lyon, Villeurbanne), de l'Isère (Pontcharra), de la Loire (Thizy).

A elle seule, la région de Lyon livre environ 40 % de la production nationale. Nous exportons une grande partie des fils ainsi exécutés : 5.400.000 fr. en 1900 ; 7.635.000 fr. en 1905 ; 12.927.000 fr. en 1910 ; 13.472.000 fr. en 1913 ; 34.076.000 fr. en 1919 ; 52.377.000 fr. en 1920 ; 56.044.000 francs en 1921.

Mais la consommation nationale ayant, par ailleurs, de plus grandes exigences, nous importions concurremment pour 4 millions 248.000 fr. en 1900 ; 3.891.000 fr. en 1910 ; 4.012.000 fr. en 1913 ; 37.095.000 fr. en 1919 ; 29.967.000 francs en 1920 ; 7.755.000 fr. en 1921.

Il semble donc que la filature de la schappe puisse encore prétendre à son extension ne fût-ce que pour alimenter le marché français. Il est vrai que, dans ce cas, il lui faudrait faire venir du dehors de la matière première en plus grande quantité. Pour la période d'après guerre seule, n'avons-nous pas dû demander à l'étranger 136 millions de bourres en masses et 29 millions de bourres cardées en 1919 ; 35 et 18 millions en 1920 ; 109 et 14 millions en 1921 ? Il semble corollairement, qu'il y ait une limite à l'extension de cette fabrication, et la rénovation de l'Allemagne pourrait jouer un rôle capital à ce point de vue.

Déjà avant la guerre, le Lyonnais avait songé à employer à la laine son outillage en chômage. Durant les hostilités, l'occupation du Nord et les besoins de l'armée ont précipité l'évolution envisagée. Des manufactures de soieries ont entrepris le tissage du drap. On en comptait en 1917, 3 dans le Rhône, 5 dans l'Ain, 2 en Saône-et-Loire, 4 dans la Loire, 4 dans l'Isère. La production s'éleva de 10 millions en 1915, à 33 millions en 1916, 60 millions en 1917, 80 millions en 1918, 100 millions en 1919, 150 millions en 1920, 160 millions en 1921.

La remise en état du Nord devait ultérieurement détourner le soyeux d'un travail qui n'était pas naturellement le sien. Présentement, on peut dire que la draperie de Lyon présente un caractère sporadique.

Seules ont perpétué cette préparation les maisons qui ne pouvaient avantageusement revenir à la soie, à Voiron et Bourg-Argental.

Dans ces conditions, les livraisons de lainages n'excèdent plus guère 20 millions. Elles sont noyées dans le grand courant de la soierie, et rien ne fait prévoir une renaissance future de l'industrie de la laine.

X

Saint-Chamond, Centre national de l'Industrie du Lacet

Saint-Chamond ne se contente pas d'extraire des charbons et de produire du métal ouvré. Longtemps il lutta contre Saint-Étienne pour le monopole de la rubannerie. Il devait succomber dans cette rivalité inégale.

Cependant l'abondance de la main-d'œuvre féminine devait inciter d'avisés industriels à créer une fabrication du lacet et des tresses, laquelle n'exige qu'un personnel masculin réduit.

L'industrie du lacet employa de 4 à 5.000 personnes jusqu'en 1910, de 3 à 4.000 de 1910 à 1913. Pendant les hostilités, et depuis lors, l'effectif s'est maintenu à peu près autour de 3.500 ouvriers des deux sexes.

La production, après s'être cristallisée entre 20 et 23 millions de 1903 à 1906, excéda 24 millions jusqu'en 1910. Elle fléchit alors à 20 millions en 1911-1912, 17 à 18 en 1913, 14 en 1914. Mais la guerre lui donna un coup de fouet : 25 millions en 1915, 32 en 1916, 35 en 1917, 50 en 1918, 70 à 85 en 1919 (y compris Saint-Etienne 90 à 100).

Naguère, environ 25 % du tonnage allait à l'exportation, avec une moyenne de 5 à 7 millions. Pendant le conflit, la proportion se poursuivit ; mais, dans la suite, la consommation nationale se réserva la meilleure part. En 1917 et 1918, les expéditions à l'extérieur n'excédèrent pas 6 millions, pour voisiner 8 millions en 1919-1921.

Le rayon de Saint-Chamond, qui englobe Saint-Paul-en-Jarrez, s'adonne parallèlement à l'élaboration des tissus élastiques. Il livrait, de ce chef, pour 6 millions en 1912 et 1913, 5 en 1914, 7 en 1915 et 1916, 8 en 1917, 9 en 1918, 10 en 1919, 15 en 1920, 13 en 1921.

Mais il importe de considérer que, dans ce domaine, Saint-Chamond ne dispose pas d'un quasi privilège, comme pour le lacet. Saint-Etienne compte 14 fabriques spécialisées dans ce travail. Il sied, par conséquent, de grouper toute cette industrie pour en reconnaître la physionomie. Or, nous pouvons constater que la production globale est passée de 10 millions en 1913 et 12 en 1914 à 55 en 1915 et 1916, 35 en 1917, 45 à 50 en 1918. L'après-guerre témoigne de son activité, puisqu'on enregistra près de 75 millions en 1919, 50 en 1920, 40 en 1921, 45 en 1922. Le pays consomme de 80 à 90 % de la fabrication.

Ces préparations spéciales, surtout féminines, contribuent à la fortune du Saint-Chamondais. Mais si le tissu élastique trouve encore des bras, le lacet voit le réservoir se tarir. Aussi les salaires ont-ils progressé de 325 à 360 % depuis 1914. Il y a là une cause de malaise encore accru par l'extension de la concurrence du dehors.

XI

La Rubannerie de Saint-Étienne

La rubannerie fut acclimatée dans la Loire dès le moyen-âge. Au XVIe siècle, Saint-Etienne, Saint-Chamond, Saint-Didier-la-Seauve pratiquaient avec succès la préparation du ruban, d'autant plus que la vallée du Gier était couverte de mûriers. Saint-Etienne marquait alors le pas. Des réglementations sociales trop étroites anéantissaient le tissage à Lyon et Saint-Chamond au début du XVIIe siècle. Dès lors, Saint-Etienne s'arrogea un monopole que favorisa l'inauguration de la ligne de Saint-Etienne à Lyon, et l'exode des rubanniers de Saint Didier.

L'essor de l'industrie stéphanoise fut, en outre, facilité par la dissémination des ateliers dans la campagne, la teinturerie se concentrant sur les bords du Furens et le négoce dans les comptoirs de la cité.

Au XIXe siècle, un certain nombre de négociants tissaient pour leur compte, bien que le façonnage fût volontiers la règle. Peu après, le façonnage se généralisa, et la corporation stéphanoise se trouva partagée entre industriels purs et marchands, les premiers opérant pour le compte des seconds, avec des matières premières acquises aux comptoirs locaux ou à Lyon.

Deux grands phénomènes ont dominé l'histoire de la rubannerie de Saint-Etienne après 1890. Tout d'abord, la substitution du métier mécanique au métier à bras et l'accroissement de l'outillage moderne. Tandis qu'en 1904 on ne comptait que 10.519 appareils électriques, on en enregistrait 11.678 en 1910 et 11.832 en 1913.

De 1919 à 1922, le nombre des métiers a varié entre 12.184 et 12.606.

Mais à ce total, on doit ajouter plus de 4.000 métiers en usines, la production centralisée ayant été accrue progressivement, suivant une loi économique bien connue. Ce bilan est, toutefois, en contradiction avec d'autres relevés que nous ne saurions passer sous silence. Une enquête officielle de 1914 indiquait pour la Loire et la Haute-Loire 26.232 métiers, dont 14.367 à domicile, 4.628 en usines et 7.237 pour l'exécution des étoffes.

Le très distingué directeur de la Chambre syndicale des tissus regarde ce total comme insuffisant. On compte, en effet, qu'un métier rapportait 3.000 francs à la veille de la guerre. Or, la rubannerie accusant 90 millions d'affaires, il faudrait tabler sur 30.000 métiers.

Partant de ce principe, M. Argoud a considéré, à notre intention, qu'il devait exister 27.000 métiers à domicile et 5.500 en usines ; 12.000 seraient actionnés par la Compagnie de la Loire et du Centre, 1.500 par la Compagnie d'Electricité d'Yssingeaux ou par des entreprises particulières et 13.000 encore à bras.

Le chiffre de 30.000 métiers doit être le plus voisin de la réalité. Il n'y aurait donc pas de recul par rapport à l'année 1903, date à laquelle on notait 30.000 appareils.

Mais il convient d'attirer l'attention sur ce fait que, malgré certaines concentrations, la rubannerie s'est plutôt dispersée dans la campagne, après avoir longtemps accaparé Saint-Etienne. Non seulement elle a envahi la banlieue, mais une partie de la Loire et de la Haute-Loire. L'atelier familial traditionnel, pour se perpétuer, a émigré. Toutefois, cet exode n'a pu être réalisé que grâce à l'électrification rurale par la Compagnie de la Loire et du Centre. Cette évolution se manifeste lumineusement dans l'état comparatif suivant des métiers actionnés par la Compagnie :

	St-Etienne	Loire	Hte-Loire
	—	—	—
1904	5.647	1.813	2.349
1908	5.600	2.162	3.746
1911	5.471	2.187	4.167
1913	4.825	—	—
1922	4.627	2.744	4.866

Ainsi en 20 ans, le matériel de la Haute-Loire a plus que doublé, celui de la Loire — Saint-Etienne exclus— a progressé de 5 %, celui de Saint-Etienne a fléchi de 25 %, rétrogradant de 4.311 en 1919 à 4.231 en 1920, 4.181 en 1921, et 4.152 en 1922.

A l'heure actuelle, d'après un travail effectué pour nous par la Compagnie de la Loire et du Centre, les métiers du rayon seraient ainsi répartis, les chiffres entre parenthèses se rapportant à l'année 1914 : Saint-Etienne, 1.761 fabriques, 4.152 métiers (4.285) ; Côte-Chaude, 470 (448) pour 188 ateliers ; Saint-Etienne banlieue, 5 (7), en 2 maisons ; Saint-Genest-Lerpt, 334 ateliers, 743 métiers (729) ; Roche-la-Molière, 18 mét. (9) ; Villars, 123 ateliers, 292 mét. (288); Saint-Victor, 16 mét. (13) ; Saint-Jean-Bonnefonds, 81 ateliers, 196 mét. (177) ; Côte-Chaude-Saint-Genest, 70 ateliers, 170 mé. (171); Terrenoire, 31 (21); Saint-Rambert, 140 ateliers, 532 mét. (359) ;Saint-Just, 65 ateliers, 162 mét. (166); Andrezieux, 10 (9) ; la Fouillouse, 109 ateliers, 278 mét. (273) ; Saint-Héand, 28 (30) ; Bouthéon, 14 (10) ; Firminy, 2 ; Le Chambon, 6; Saint-Pol-en-Cornillon, 2; Saint-Genest-Malifaux, 60 ateliers, 172 mét. (148) ; Jonzieux, 131 ateliers, 280 mét. (236), et dans la Haute-Loire, Saint-Just-Malmont, 532 ateliers, 1.197 mét. (1.083) ; Saint-Ferréol, 2 ; Monistrol, 154 ateliers, 351 mét. (319), Saint-Maurice-de-Lignon, 83 ateliers, 172 mét. (148) ; Saint-Didier-la-Séauve, 497 ateliers, 1.003 mét. (940) ; Sainte-Sigolène, 598 ateliers,

1.406 mét. (1.485) ; Saint-Pol-de-Mons, 142 ateliers, 353 métiers (276), les Villettes, 180 ateliers, 384 mét. (256).

En fait, le matériel est fort essaimé, même en usines, deux usines seulement ont plus de 500 métiers, 3 de 200 à 500, une dizaine de 100 à 200.

La population ouvrière affectée à l'industrie textile stéphanoise comprend 70.000 à 75.000 individus, comme en 1908, et 110.000 si l'on englobe la rubannerie de la montagne. Il s'agit donc d'une grande fabrication nationale.

XII

La Production stéphanoise et les Salaires ouvriers

La fabrique de Saint-Etienne emploie à la fois le coton, la soie, la schappe et la soie artificielle, et ses achats de matières premières sont fort élevés. En 1903, le conditionnement stéphanois enregistrait 302 tonnes de soie grège et 570 de soie ouvrée ; en 1910, 536 et 752 ; en 1913, 1.500 au total ; durant la guerre, on releva 790 tonnes, 765, 683, 598, 770 et, depuis l'armistice, 1.082, 730 et 456. Avant les hostilités, la seule soie utilisée représentait 55 millions. Mais il convenait d'y ajouter 4 millions de coton, 2 de schappes, 4 pour la viscose. Aujourd'hui, au bas mot, la rubannerie exige 200 millions de produits de base.

Il est vrai que sa fabrication a progressé en valeur, si l'on s'en réfère aux remarquables statistiques annuelles de la fabrique, à laquelle tous les industriels fournissent des relevés sans trahir ni leur personnalité, ni le secret de leurs opérations.

Le chiffre total d'affaires du rayon est passé de 38 millions 1/2 en 1883 à 73 en 1903, 95,5 en 1910, 103 en 1913. Au cours des hostilités, en dépit d'entraves multipliées : pénurie de colorants, insuffisance de personnel technique, moratorium, hausse des prix de revient, l'industrie stéphanoise a fait 92 millions en 1914, 95 en 1916, 119 en 1917, 176 en 1918, avant d'arriver aux résultats actuels, qui ont dépassé toutes prévisions : 287 millions en 1919, 467 en 1920, 275 millions 432.750 en 1921, 312.719.792 en 1922.

Pendant les années 1918-20, tous les métiers ont bien travaillé. Mais l'inflation des cours de la soie et du coton a contrarié en 1920 la fabrication déjà handicapée par un stockage intensif. Aussi, depuis lors, a-t-on opéré avec prudence et non sans raison. Les chiffres précités montrent que la puissance d'achat n'a pourtant pas sensiblement diminué.

La production stéphanoise se répartissait comme suit en 1922 : rubans noirs soie, 17.230.000 francs ; rubans demi-mélangés, 3.018.000 ; rubans unis couleur soie, 61.231.000; idem mélangés, 3.199.000 ; rubans façonnés soie, 7.586.000; idem mélangés, 24.192.000 ; cravates soie, 38.000 ; cravates métis, 111.500 ; velours envers satin ou armure soie, 3 millions 283.000 ; idem mélangés, 10.640.000 ; velours toile soie ou mélange, 6.528.000 ; passementeries et galons, 6 millions 322.000 ; chapellerie, 15.484.000 ; étoffes soie, 75.000 ; étoffes mélangées, 31 millions 188.000 ; soie artificielle complète, 18.672.000; articles tout coton, 14.375.000; soit 258.450.000 francs pour Saint-Etienne, plus 9.207.000 francs pour le rayon et 45 millions de tissus élastiques.

Il y a lieu de considérer que l'article de coton a fait son apparition avec la guerre et que l'emploi de la soie artificielle pure a sextuplé depuis 1916.

La rubannerie stéphanoise approvisionne la France et les marchés extérieurs, soit directement, soit par l'intermédiaire de Paris. Si l'on examine les relevés de la chambre syndicale stéphanoise des tissus, on remarque que la consommation intérieure absorbait environ 65 % de la production ; 51 millions en 1904, 69 en 1907, 62 en 1910 et en 1912, 61 en 1913, 53 en 1914, l'exportation s'attribuant respectivement 32 millions, 42 millions, 36 et 31 millions, et 42 en 1913. Mais n'oublions pas que les expéditions ayant transité par Paris sont pointées comme utilisées par le pays. Il semble donc qu'avant la guerre 50 % de la fabrication dussent être livrés à l'étranger. Pendant la guerre, nos exportations se sont développées contre toute attente : 45 millions en 1916, 50 en 1917, 81 en 1918, balançant à peu près, sauf en 1917, notre consommation évaluée à 50, 69 et 93 millions.

Depuis lors nous avons tendu à nous rapprocher de la normale, avec 117 millions d'exportations pour 170 millions en 1919, 219 et 248 millions en 1920, 108 et 167 millions en 1921, et 192 millions en 1922.

Nous avons conservé, en effet, notre brillante clientèle d'Angleterre, des Etats-Unis, de Chine, de Suisse, de Belgique, du Sud-Amérique, du Canada et d'Orient. La concurrence de Bâle et Zurich, de Crefeld, Barmen et Elberfeld, l'insuffisance des coefficients douaniers à l'importation, nos législations fiscales n'ont pu paralyser l'élan acquis.

Ce n'est pas, cependant, que la fabrique stéphanoise ait bénéficié d'un privilège en ce qui concerne les salaires ouvriers. Ceux-ci sont très variables et dépendent des articles élaborés et de l'habileté de l'individu. Il est donc difficile de faire des comparaisons édifiantes. Comment, par exemple, évaluer le gain réel de tel chef d'atelier, propriétaire de l'immeuble et de métiers, et qui confie à un ou plusieurs compagnons ou parents la direction des engins qu'il ne manie pas, et ce moyennant un pourcentage sur la recette ? Le fait est fréquent, ne doit-on pas aussi tenir compte des chômages forcés ?

A titre indicatif seulement, notons que les bobineuses et dévideuses reçoivent autour de 10 francs, contre 2 fr. 75 en 1913, et les tisseurs 15 francs.

Les salaires dépassent 100 millions par an. Ceux-ci vont intégralement à la main-d'œuvre nationale, car la rubannerie stéphanoise, à la différence de tant d'autres fabrications, ignore les concours étrangers.

Appuyée sur l'artisanat, elle demeure donc. malgré son évolution, l'un des rares vestiges de l'industrie française d'autrefois, qui résistait à tous les autans.

QUATRIÈME PARTIE

Les Industries du Sud-Ouest et du Midi

I

Le Délainage de Mazamet

Bien que simple chef-lieu de canton, perdu sur le flanc septentrional de la Montagne-Noire, Mazamet constitue un centre de premier plan dans l'économie nationale. La succursale de la Banque de France y enregistrait en 1922 plus de 409 millions d'opérations productives. C'est qu'en effet Mazamet est la principale place du monde entier pour le délainage, c'est-à-dire pour la séparation de la laine et du cuir de mouton.

Cette fabrication fut introduite dans le Tarn, à Aussillon, en 1851, après avoir été tentée à Montpellier en 1847 et à Bédarieux à l'aube de 1851. Mazamet l'entreprit vers 1855. Le succès devait couronner cette initiative, favorisée par deux circonstances : le déclin de la draperie, à la suite des traités de commerce de 1860, qui ouvrirent le marché français aux produits britanniques, et la qualité des eaux, pures de calcaire et de magnésie, du Thoré, de l'Arn et de l'Arnette. En outre, les Mazamétains n'hésitèrent pas à aller fonder au loin, des comptoirs pour l'acquisition des matières premières. Aussi, en 1875, Mazamet comptait-il 19 délainages et 15 comptoirs extra-européens : Plata, Brésil, Argentine, Algérie.

Jalouse de ce progrès, Verviers devait tenter d'évincer l'industrie du Tarn. Elle échoua dans ses efforts. La création de comptoirs en Australie (1890), au Cap (1896) et d'un conditionnement en 1898 marqua de nombreuses étapes dans la voie du triomphe. En dépit de crises passagères, la prospérité de l'industrie ne fit que s'affirmer désormais.

Les arrivages de peaux brutes et de laines en suint ne cessèrent de s'accroître jusqu'à la guerre, comme en témoigne le relevé suivant :

	Laines en balles	Lavé à fond	Lavé à dos
	—	—	—
1900 .... kil.	15.597.594	4.438.207	1.094.883
1905	13.969.304	4.658.598	7.559.679
1910	20.957.510	5.314.339	15.355.011
1912	17.152.665	6.422.777	20.164.216
1913	23.432.638	5.498.894	17.455.139

En 1913, Mazamet recevait 55.978.804 kilos de peaux et 1.281.168 de laine en suints, contre seulement 45.229.283 et 1.271.487 en 1901.

Pendant les hostilités, l'activité du délainage fut naturellement réduite. Aux 55 millions de kilos de peaux introduites normalement avant le conflit, Mazamet n'opposa plus que 38.736.947 en 1914, 31.329.205 en 1915, 32.821.781 en 1916, 15.663.766 en 1917, et 4.375.562 en 1918, année néfaste pour la production tarnaise. Notons, toutefois, l'arrivée en 1914, de 1.114.821 kilos de laines en suints, 4.189.272 en 1915, 2.725.052 en 1916 et 400.884 en 1917.

L'armistice rendit à Mazamet plus de liberté d'action. Toutefois, le redressement fut lent. Le tonnage de peaux importées ne s'éleva qu'à 27.184.653 kilos en 1919, 24 millions 469.475 en 1920, 34.354.610 en 1921, mais en 1922 on put traiter 49.855.505 kilos.

De plus, les réceptions de laines en suints, complètement suspendues en 1918, progressèrent parallèlement : 739.982 kilos en 1919. 1.482.422 en 1920, 1.067.806 en 1921, et 1.473.109 en 1922.

Mazamet s'alimente à la fois dans le Sud-Amérique, à Montevideo et Buenos-Ayres, en Australie (Melbourne, Sydney, Adélaïde), au Cap, en Espagne.

En raison de sa situation géographique, le Tarn importe

plus spécialement par Bordeaux, qui lui expédie sensiblement la moitié des balles (24.441.262 kilos en 1922, sur 49.885.565 kilos), Marseille (11.685.312) et Cette (11 millions 925.012) se disputant le complément. Jadis, Marseille tenait le premier rang pour les arrivages (60 %), Cette ne venant que pour un tonnage infime. A ce point de vue, on constate donc une orientation nouvelle du trafic, Marseille étant de plus en plus délaissé.

Les marchandises ne sont pas, d'ailleurs, débarquées uniquement à Mazamet.

Les villes du rayon reçoivent un contingent important. Ainsi, en 1922, tandis que la gare de Mazamet déchargeait 35.166.633 kilos, 10.237.506 allaient à Saint-Amans-Soult, 2.271.152 à Lacabarède et 2.180.274 à Labruguière.

A la veille de la guerre, on comptait 52 usines pour Mazamet seul ; une vingtaine d'établissements fonctionnent à Saint-Amans-Soult, Aussillon, Pont-de-l'Arn, Aiguefonde, Saint-Amans-Valtoret, Lacabarède, Albine et Cancalières.

La laine détachée du cuir est vendue par les soins de nombreux courtiers — près de cent — à la clientèle française, aux fabriques de Bedfort et du Yorkshire (qui recherche les mérinos et croisés fins), à la Pologne (gros croisés), à l'Autriche, aux Balkans. L'Alsace et les Etats-Unis demandent à Mazamet des laines à peigne, mais les achats américains se raréfient toujours davantage. Pour l'Allemagne, elle boude à nos fabrications.

Comme pour les arrivages, les envois de laines ont beaucoup fléchi pendant les hostilités. Aux 25.147.921 kilos de 1913 et aux 20.191.885 de 1914, s'opposèrent les 9 millions 408.769 kilos de 1915, les 11.085.942 de 1916, et surtout les 8.064.254 de 1917, effondrés en 1918 à 2.833.503 kilos.

L'amélioration du régime des transports, les énormes besoins de l'Europe centrale en gros croisés, les exigences de la mégisserie de Graulhet, qui monopolise les cuirs, les restrictions des frets ont favorisé la reprise des échanges. Conséquemment les expéditions se rééquilibrèrent à 9.538.234 kilos en 1919, 8.753.850 en 1920, 10.729.948 en 1921, pour atteindre 19.456.683 en 1922, ou 80 % du trafic d'avant-guerre.

Un chiffre permettra d'apprécier la puissance de cette industrie. En 1922, il a été vendu 26.000 tonnes de laine, valant 268 millions (130 millions en 1913).

Mais Mazamet n'a-t-il pas à redouter pour l'avenir la concurrence des délainages installés chaque jour dans les pays d'origine ?

II

L'Industrie lainière à Mazamet

L'industrie du drap a précédé, à Mazamet, le travail du cuirot de mouton. Au XVIIIe siècle, elle était déjà fort active. D'après des documents mis à jour par M. Jean Loup, Mazamet occupait, en 1723, 200 cardeurs ou fileuses, 66 tisserands, 20 parcurs ou foulonneurs. La production voisinait 2.050 pièces d'étoffes, valant 5.000 livres.

Après un recul, la fabrication fut rénovée aux environs de 1.760 par Pierre Alombel, qui modernisa l'outillage. La société des casernes, de 1807 à 1814, contribua largement à l'expansion de la draperie, et, en 1830, le canton de Mazamet comportait 9.000 lainiers, livrant 60.000 pièces, du prix total de 6 millions.

Les années qui suivirent 1830 auraient pu être fatales au lainage mazamétain, comme elles le furent à Louviers et Sedan. Pierre-Elie Houlès le sauva, en passant d'importants marchés de drap militaire, et en introduisant l'usage des métiers Jacquard et des Mull-Jennys. En 1860, 20 filatures et 46 tissages étaient en action à Mazamet. Le délainage devait définitivement asseoir la draperie, qui comptait 27 filatures en 1878, 63 tissages et 14 foulonneries. La préparation des mollletons et draperies fantaisies oscillait entre 20 et 25 millions.

A la veille du conflit, on considérait que le nombre de broches était de 25.000, pour 10 filatures, celui des métiers mécaniques de 500 ; trois usines apprêtaient les tissus. La guerre n'entrava pas, tout au contraire, cette vitalité. Elle l'amplifia, et les drapiers firent fortune.

Aujourd'hui, le nombre des filatures a diminué de deux unités. Trois usines ont été, en effet, détruites par le feu, après 1920, et n'ont pas été reconstituées. Aussi signale-t-on 2 filatures indépendantes à façon et 6 filatures-tissages groupant, au total, 22.000 broches. Aucun atelier ne renferme 10.000 broches. Il s'agit donc d'une industrie moyenne. Néanmoins, certaines maisons emploient plus de 400 ouvriers. Deux filatures travaillent pour la bonneterie exclusivement.

L'année 1916 a vu l'installation d'une manufacture nouvelle, qui faisait défaut au rayon. La filature Tarnaise de laine peignée, œuvre d'un consortium local, réunit 5.800 broches et un matériel de peignage.

L'industrie mazametaine témoigne d'ailleurs, d'une évolution caractéristique, suivant la formule d'adaptation qui a fait sa force dans le passé. Elle tend actuellement à se concentrer, à faire de l'intégration verticale, c'est-à-dire à étendre ses fabrications à toutes les branches de l'industrie de la laine.

L'inauguration du peignage a répondu à cette préoccupation. D'un autre côté, la création de la maison Croulx (1913) a eu le même objet. Par ailleurs, la Société anonyme tend à remplacer l'entreprise privée, comme dans le délainage, deux sociétés de ce genre se sont instituées récemment.

Le tissage occupe, à Mazamet seul, 10 maisons et 600 métiers, 3 ont de 100 à 150 métiers. La maison la moins favorisée en possède 30. Mais il existe des métiers à domicile, surtout en campagne.

La bonneterie de laine, vieille de plus d'un siècle, a, parallèlement pris un grand essor dans le rayon (700 métiers). Elle est beaucoup pratiquée à domicile. Cependant deux maisons opèrent en usines, et ont même rattaché une filature à leurs ateliers.

Le lainage seul représente un chiffre d'affaires d'environ 30 millions. Il est aisé de se rendre compte de son importance par les relevés des expéditions établis par la gare de Mazamet. En 1913, cette station manipulait 807.545 kgs de draps, molletons et flanelles et 780.084 en 1914. Par suite des nécessités de la défense, les envois progressèrent au début des hostilités : 884.845 kgs en 1915, mais le recul s'affirma dans la suite : 446.907 kgs en 1916, 431.082 kgs en 1917, 362.065 en 1918.

Depuis lors, les chiffres d'avant-guerre n'ont jamais pu être réalisés. 1919 n'a fait que 400.450 kgs, 1920 que 553.064 et en 1921 et 1922 le fléchissement a été désastreux avec 289.354 et 362.030 kilogs.

Par contre, les opérations de la bonneterie marquent une singulière prospérité. Les mêmes statistiques ferroviaires, qui restreignaient le tonnage évacué à 151.787 kgs en 1904 et 238.373 en 1913, ont enregistré 335.598 kgs en 1915, 339.250 en 1916, 290.393 en 1917, — déficit plus apparent que réel, car on a stocké — 284.666 en 1918, du fait de la restriction des fils. Désormais, avec l'armistice, la fabrication s'accélère, en dépit des hauts prix de la matière première. L'élaboration nouvelle de tricots porte les expéditions à 374.722 kgs en 1919, 313.946 en 1920. La crise industrielle de 1921 devait réduire le tonnage à 168.954 kgs. Mais, avec 1922, voici que l'horizon s'éclaircit (370.789 kgs).

Un centre comme celui de Mazamet, appuyé sur le délainage et qui a toujours su créer et perfectionner, qui, hier encore, décidait de participer à l'initiative de Tourcoing en matière d'élevage du mouton, qui a enfin résisté à toutes les crises, ne saurait appréhender le lendemain.

III

Les Lainages de Labastide-Rouairoux et de l'Hérault

De même que la France ignore, en général, l'importance de Mazamet dans la production industrielle nationale, le nom de Labastide-Rouairoux apparaît comme celui d'un bourg de troisième plan, égaré dans la campagne cévenole. Cependant, son intérêt économique le rapproche des Thizy, des Flers de l'Orne, des Cholet. Mais, à la différence de la ville angevine, la localité tarnaise n'a pas conquis une réputation mondiale. Elle doit son effacement à deux circonstances : elle opère dans l'orbite de Mazamet, et ses fabrications lainières ne présentent pas une originalité comme le mouchoir de Cholet.

Toutefois, l'industrie de Labastide est fort ancienne (1780) Elle se développa parallèlement à celle de Mazamet. En 1830, elle comprenait 12 ateliers. Les fluctuations furent moins sensibles à Labastide qu'à Mazamet. Par contre, l'essor de la première est de date plus récente. Il remonte autour de 1910, lorsque ce centre se spécialisa dans l'exécution du tissu pour casquettes.

La guerre confirma l'épanouissement de cette production. A l'heure actuelle, le rayon de Labastide comporte 8 filatures avec 16.000 broches, 16 fabriques avec 700 métiers, une bonneterie, et son action s'étend jusqu'à Riols, qui réunit 50 métiers. Aucune filature ne compte plus de 3.000 broches, aucun tissage plus de 160 métiers. La plupart ont de 8 à 10 appareils.

Labastide réalise à la fois le drap peigné ou cardé, les tissus réversibles pour l'auto, l'étoffe pour casquette, la bure, le velours de laine.

Malgré son caractère d'industrie de second plan, Labastide chiffre à 25 millions ses tractations annuelles. Son activité, d'ailleurs, s'avère dans le relevé de ses expéditions par fer. En 1913, la gare de Labastide enregistrait 932.261 kilogrammes de lainages. Le recul vint avec la guerre : 892.684 kilogrammes en 1914, mais, tout aussitôt, la fabrication se redressa (1.074.997 kilogrammes en 1915, 1.055.764 en 1916, 1.246.595 en 1917). 1918 marquera une déchéance (766.614). Avec l'armistice, les livraisons se rééquilibrèrent, néanmoins au taux d'avant-guerre (971.405 kil. en 1919) ; les années suivantes furent affectées par les crises qui pesèrent sur la vitalité de Mazamet. On ne constata que 902.289 kilos d'envois en 1920, moins encore en 1921 (704.752), tandis qu'avec 1922 les résultats d'il y a dix ans devaient être largement dépassés (1.204.970 kilogrammes).

Labastide a donc accru sa fabrication. Elle a de grandes visées, et ses industriels, en créant un syndicat patronal distinct du groupement mazamétain, ont tenu à témoigner de l'indépendance qu'ils entendent désormais manifester à l'égard de leurs voisins.

* * *

Le rayon du Tarn oriental se prolonge dans la montagne cévenole sur le versant méditerranéen. La transition s'effectue par l'intermédiaire de Saint-Pons et de Bédarieux. Bédarieux file la laine. Une usine y comporte 5.800 broches et le tissage y groupe 110 métiers. L'Hérault pratique surtout la couverture et le drap de troupe. Deux centres se consacrent à ce travail. Clermont et son annexe Villeneuvette, et Lodève. La filature de Clermont possède 3.000 broches, celle de Villeneuvette 4.000 ; elles alimentent 200 métiers, dont 110 à Villeneuvette. Lodève groupe 14.500 broches dans trois établissements, et 4.000 métiers.

La guerre a donné à la draperie languedocienne une suractivité dont on ne saurait préjuger l'avenir.

IV

La Main-d'œuvre dans le Lainage tarnais

Bien que nous n'ayons pas encore abordé la draperie castraise, nous devons remarquer que le département du Tarn, par suite de la coexistence de l'extraction minérale, de la fabrication métallurgique, du délainage et de la raréfaction générale des bras, a vu les salaires s'exagérer, surtout depuis la guerre.

L'insuffisance des logements a encore accru les difficultés résultant de cet état de choses. L'appoint espagnol aurait pu combler le déficit provenant de la loi de 8 heures. A Labastide, on a importé 1.000 Ibériens. A Mazamet, faute d'habitations, le problème n'a pu être résolu.

Il n'y a donc pas lieu de s'étonner des prix aujourd'hui réalisés. Le manœuvre qui gagnait, il y a 10 ans, 2 fr. 75, reçoit couramment 15 francs ; la douceuse, qui met la laine dans la carde, naguère rétribuée 2 francs pour 10 heures, se voit attribuer 11 francs pour 8 heures ; le tisseur 18 francs contre 3 fr. 50. En principe, les rémunérations ont sextuplé de 1913 à 1923. A Castres, où la vie est légèrement meilleur marché, les gains journaliers sont inférieurs de 1 à 2 francs.

A l'heure présente, certaines familles ouvrières du rayon de Mazamet recueillent 20.000 francs par an. Le coût de la vie a, naturellement, progressé dans les mêmes proportions.

Néanmoins, les prix de revient du Tarn oriental demeurent moindres que ceux du Nord ou d'Elbeuf. C'est ce qui explique que certaines maisons des Flandres figurent parmi les clients des drapiers de l'Arn, les tissus revenant à Roubaix moins chers que ceux qu'on réalise sur place, et ce en dépit des lourds frais de transport.

V

L'Industrie lainière à Castres

L'industrie, à l'origine, s'est instituée sur les lieux de la production de la matière première. Or, le Sidobre nourrissait des troupeaux de moutons et le Tarn fournissait amplement de colorants végétaux. Aussi la fabrication du drap à Castres remonte-t-elle à une période lointaine qu'on ne saurait préciser. La possibilité de capter la force des rivières facilitait encore les travaux textiles. Dès le XIVe siècle, le drap de Castres avait une réputation assise. La vitalité de cette fabrication est démontrée, au XVIIe siècle, par l'enquête personnelle que Colbert poursuivit dans la région. 108 patrons et 1.000 ouvriers participaient alors à ces opérations.

Cependant, pendant un demi-siècle, l'industrie périclita sous la concurrence du Gard et de l'Aude. En 1750, il ne subsistait à Castres que 2 drapiers. L'introduction des tissus du Nord, la création d'étoffes originales, l'initiative d'une femme, Mme Guibal, permirent de réagir contre cette déchéance, et l'on comptait de nouveau 7 ateliers en 1780, 33 en 1800, 77 en 1830, comportant 700 métiers. Castres livrait à ce moment pour 3 millions de francs de tissus, ou 17.000 pièces ; Brassac, 2.400 pièces ; Vabre, 3.300 ; Dourgne, 8.000. La Révolution de 1830 fut fatale à Castres, comme à Mazamet. Mais l'élaboration de la serge ramena la prospérité dans les ateliers.

En 1865, l'industrie de l'effilochage, importée de Dinan, orienta vers de nouveaux horizons la draperie. Puis, ce fut, après 1880, la transformation de l'outillage, et, avant la guerre, on enregistrait 50.000 broches, 1.000 à 1.200 métiers mécaniques, plus quelques métiers à main.

La guerre trouva la draperie de Castres en pleine possession de ses moyens. La fabrique alimenta bientôt l'armée. Elle devait lui envoyer 10 millions de mètres de tissus. Puissamment enrichi, le textile castrais sut préparer la paix en organisant son matériel à cette fin. Aussi l'industrie passa-t-elle aisément de la période du conflit à celle de l'armistice.

Au début de 1923, Castres et son rayon disposait de 30 à 32.000 broches de filature de cardé et 80 assortiments, réparties entre Castres (9), Boissezon (2), Valdurenque (1), Burlats (1), Ferrières (1), Sémalens (1), Vielmur (1), Vabre (2).

Aucun établissement ne groupe plus de 8.000 broches, et, à Castres, les filatures ne travaillent pas à façon.

Les laines d'effilochage employées en partie proviennent des usines de Massaguel et Dourgne.

Le tissage, bien que concentré à Castres, est pratiqué dans un rayon étendu comprenant Boissezon, Verdalle, Dourgne, Lagarrigue, Sémalens, Roquecourbe, Brassac, Sorèze, Vielmur, Labruguière, Montdragon, etc., mais le travail archaïque à la main a été perpétué dans plusieurs localités. A Vabre, pourtant, le tissage le plus moderne a détrôné l'ancienne méthode. Les ateliers renferment de 10 à 200 métiers, au total 1.200.

A Castres, comme à Mazamet, la tendance à substituer la société anonyme à l'entreprise privée s'affirme de plus en plus.

La production castraise voisine 20.000 mètres par jour et

35 millions de francs par an. On pourra mesurer son activité par les relevés de la Compagnie du Midi pour la gare de Castres. Celle-ci expédiait en 1913, 2.628.835 kilos de tissus ; en 1914, 2.254.873, 1.348.389 en 1915, 858.223 en 1917, 356.017 en 1918. Elle en a acheminé 493.085 kilos en 1919, 668.434 en 1920, 1.034.576 en 1921, et 2.245.747 en 1922. Autrement dit, Castres a retrouvé son trafic d'avant guerre, qui était assez constant. Les chiffres de 1915-1918 ne doivent, d'ailleurs, pas nous égarer. Castres a, en effet, exécuté pour l'armée 2.167.000 mètres de drap en 1915, 2 millions 786.000 en 1917, 3 millions en 1918.

La draperie castraise alimente presque exclusivement le marché national, et les rares clients du dehors d'autrefois ne sont pas encore revenus au Tarn.

Parallèlement à la draperie, la bonneterie a progressé remarquablement. Elle occupe plus de 1.500 ouvriers à Castres, Roquecourbe, Labruguière, Boissezon, Dourgne, Massaguel, Vielmur, Montredon, Viane, Cammèzes. Toutefois, elle a tendu à se spécialiser. Castres fait des bas pour le Maroc, Roquecourbe la nouveauté, et Labruguière le fez et la chéchia pour l'Orient, produits jadis de provenance surtout autrichienne.

Il est difficile d'évaluer précisément les résultats de la bonneterie tarnaise. Pourtant, d'après des informations autorisées, nous pensons que l'on peut tabler sur 5 à 6 millions pour Roquecourbe, 2 à 3 pour Labruguière, 1.500.000 pour Castres.

Lorsqu'on étudie l'histoire du lainage dans le Tarn, on demeure surpris des qualités d'initiative, d'audace, de ténacité dont ont dû faire preuve les fabricants pour sortir à leur honneur des traverses successives qui les ont assaillis. A ceux, trop nombreux, qui dénigrent toute l'œuvre de nos producteurs, leur passé doit être donné en exemple. Il constitue une leçon et un encouragement.

Nous ne saurions clore ce bilan de l'industrie textile de l'Albigeois sans mentionner l'existence à Cordes d'une industrie de la broderie suisse, importée vers 1880, et comprenant quatre fabriques et plusieurs centaines d'ouvrières.

VI

La Draperie ariégeoise et pyrénéenne : Lavelanet

Comme dans nombre de régions montagneuses, où paît le mouton, et dont les eaux rapides sont susceptibles d'assurer de l'énergie, le tissage de la laine fut pratiqué de bonne heure dans l'Ariège, à Lavelanet, à Auzat, à Limbrassac. Sans doute, à notre époque, cette fabrication aurait-elle tendu à disparaître, comme il est advenu en Bretagne, sous la concurrence des lainages du Nord. Deux circonstances devaient cependant perpétuer l'industrie ariégeoise. Tout d'abord, Lavelanet entreprit de rivaliser avec Castres le jour où s'instaura l'effilochage des déchets de laine. En second lieu, la diffusion de l'électricité provoqua une évolution radicale du travail. Jusque vers 1910, le tisseur de Lavelanet travaillait à façon non chez lui, mais dans de petites usines actionnées par l'Hers ou la vapeur, et dont les propriétaires louaient matériel et force à l'ouvrier.

Cependant, l'instabilité du débit de l'Hers, asséché d'août à janvier, déterminait de longs chômages, tandis que les ateliers présentaient de déplorables conditions hygiéniques, tantôt glacés, tantôt torrides, et toujours obscurs.

La mortalité y était excessive. En outre, les loueurs d'énergie, mués en négociants, exploitaient leurs tâcherons, en faussant la loi de l'offre et de la demande.

La construction d'usines modernes n'enraya pas une décadence fatale. La Société Pyrénéenne d'électricité pensa qu'il y avait mieux à faire. Elle encouragea et facilita de ses deniers l'installation d'ateliers à domicile, dans les anciennes granges. Ainsi s'élevèrent de petites usines de 2 à 3 métiers et des établissements collectifs de 6 à 12. Cette politique réduisit la période des chômages annuels à quelques jours, améliora la vie matérielle du tisseur, accrut les rendements et les gains, bref mit fin à l'exode des populations.

Déjà, à la veille de la guerre, Lavelanet avait acquis une

prospérité de bon aloi. Durant le conflit, sa vitalité s'affirma avec éclat. La richesse se généralisa.

La filature s'était, d'ailleurs développée parallèlement avec le tissage. Elle comportait, au début de 1923, 33.905 broches, réparties entre 31 établissements. Ceux-ci sont plus volontiers concentrés à Lavelanet qui en possède 20, mais on en signale 3 à Laroque, 1 à Sainte-Colombe, 2 à l'Aiguillon, à Montferrier et à Villeneuve, 1 à Lagarde. Une seule usine fait tourner plus de 5.000 broches (5.480), mais on enregistre 4 filatures de 2.000 à 5.000, 4 de 1.000 à 2.000. 15 disposent de 900 à 1.000 appareils ; enfin 7 ont moins de 500 broches. La plus pauvre en a installé 220.

La plupart des filatures sont doublées d'un tissage, quoique les petits ateliers soient nombreux. C'est, d'ailleurs, ce qui différencie le rayon de Lavelanet de celui de Castres, dont l'importance est analogue en ce qui concerne la filature. Si la filature classe la fabrication ariégeoise parmi la moyenne industrie de la laine, le tissage l'apparente, par certains côtés, à la petite industrie modernisée et à l'artisanat.

Le nombre des métiers du rayon n'a pas été établi avec précision. La Société Pyrénéennes nous signalait environ 300 métiers d'ateliers, dont 50 à Laroque. Il existe, en outre, 7 à 800 métiers d'usines.

La renaissance de ce rayon et son épanouissement contemporain — la fabrique élabore pour 25 millions de tissus — témoignent des incomparables bienfaits économiques qu'on peut attendre de la diffusion de l'électricité; grâce à son concours les industries textiles d'antan peuvent se reconstituer, même après une éclipse prolongée.

* * *

L'industrie pyrénéenne de la laine n'est pas monopolisée par le groupement lavelanetais. Elle est, en effet, en honneur dans le Bigorre et le pays basque, grâce à l'élevage local du mouton. Jadis, chaque bourg avait ses métiers. Ceux-ci sont, actuellement, plus concentrés et les opérations se sont de plus en plus spécialisées.

Le béret basque se prépare à Nay, Mirepeix et Oloron (3

ateliers) ; le lainage dit des Pyrénées occupe 7 à 800 ouvriers à Bagnères-de-Bigorre, 250 à Nay, 350 à Oloron ; la bonneterie de Bagnères (4 maisons) fait vivre 700 à 800 ouvriers. Oloron a ravi à l'Espagne le monopole des ceintures de couleur. Enfin, on élabore du drap à Bagnères, du feutre à Oloron qui pratique également la couverture, concurremment avec Bidos. On a tenté à Pau la production du tapis de luxe.

La guerre a, d'un autre côté, déterminé l'instauration de la draperie dans la cité artistique et commerciale des Capitouls, naguère réfractaire à l'industrie. Toulouse possède présentement 4 établissements et plusieurs centaines de métiers.

La concurrence de l'Espagne peut peser cependant sur ces fabrications. Les conditions du change limitent, pour l'instant, le préjudice, mais un rééquilibre de la valeur de nos devises pourrait provoquer un trouble grave dans l'industrie lainière du Midi. Il est donc à prévoir que la draperie pyrénéenne est à l'apogée de son développement.

CINQUIEME PARTIE

Les Industries Diverses

I

La Dentelle de Calais

L'INDUSTRIE calaisienne de la dentelle présente, au point de vue de l'économie nationale, une double importance. Son chiffre d'affaires, en effet, est considérable, et il ne s'agit aucunement, en l'occurrence, d'une fabrication de second plan, mais d'une branche essentielle de l'activité française, tandis que, d'autre part, la production étant surtout orientée vers l'exportation, sa prospérité concourt à l'équilibre de notre balance commerciale.

Le travail mécanique de la dentelle fut introduit dans le Pas-de-Calais il n'y a guère plus d'un siècle. L'Angleterre conservait jalousement le secret de son élaboration lorsqu'un citoyen britannique, Webster, songea à créer à Nottingham une concurrence sur le continent. Malgré l'interdiction de transporter les métiers Warp et Straight-Balt, employés outre-mer, en dépit des étroites surveillances établies par le fisc et la flotte, Webster réussit à enlever et débarquer à Calais un matériel complet. On était alors en 1816, au lendemain de la chute définitive du plus grand rival de l'Angleterre, Napoléon.

L'industrie nouvelle ne se développa qu'avec lenteur. En 1822, Calais ne comptait que 4 métiers. Peu après, deux Calaisiens, Liéven-Delhaye et Méheux, parvenaient à construire, sans l'aide britannique, des appareils bien français. Dès lors, l'essor de la dentellerie calaisienne s'affirma. En 1825, 50 métiers battaient à Saint-Pierre. Le refus des Anglais de laisser importer des fils de coton — que nous ne préparions pas — n'arrêta pas les novateurs, et l'adaptation aux métiers à tulle de l'automatisme de Jacquard devait, après 1838, assurer la vitalité de la fabrication.

De 1900 à 1907, la dentellerie calaisienne connut des heures exceptionnelles.

La plupart des ouvriers firent fortune, et devinrent patrons. Mais, de l'excès résulta une surproduction douloureuse. Cependant, en 1913, on enregistrait 2.762 métiers, appartenant à 588 fabricants, contre 1.800 métiers et 370 producteurs en 1900. La valeur de l'outillage était passée de 27 millions à 70.

La guerre porta un rude coup à l'industrie, particulièrement en raison de la raréfaction de la main-d'œuvre, et de la pénurie des matières premières, outre les destructions provoquées par les tirs de l'ennemi.

Néanmoins, nombre d'industriels trouvèrent le moyen de gagner de l'argent en prêtant leur concours à la défense nationale, et en réalisant soit des masques à gaz, soit des moustiquaires.

En 1923, le matériel mis en œuvre tant à Calais qu'à St-Pierre, son prolongement, comprend 2.608 métiers à dentelles, 126 à broder — pour 162 en 1914 — 12 à aiguilles (2 en 1913), 14 à tulles comme avant la mobilisation, 156 à fuseaux — contre 52 — et 259 machines Cornély, au lieu de 197. *Grosso modo*, le matériel a une capacité de production voisine de celle de 1914. Ceci ne saurait surprendre si l'on considère le prix des engins utilisés, qui valent couramment 100.000 francs l'unité. Cette majoration a eu pour effet de supprimer de nouveaux achats. On se contente aujourd'hui d'acquérir des métiers d'occasion.

En principe, les ateliers ne groupent qu'un nombre limité d'appareils. Les plus grandes maisons ne disposent respectivement que de 60, 38 et 32 métiers. Pourtant, un certain nombre en ont réuni de 20 à 25. En moyenne, le nombre des métiers n'excède guère 3 à 5.

L'organisation générale de cette industrie n'a pas non

plus beaucoup varié. Beaucoup d'ateliers travaillent encore à façon, pour le compte de producteurs qui ont à leur disposition des dessins et des cartons coûteux. Il convient, d'ailleurs, de tenir compte de deux facteurs primordiaux. D'une part, la fabrication calaisienne est l'esclave d'une mode instable, qui l'oblige à de permanentes innovations, tandis que, d'autre côté, pour satisfaire à sa clientèle, il lui faut accumuler des stocks, donc immobiliser d'énormes capitaux particulièrement à l'époque actuelle.

Ces sujétions sont d'autant plus graves que Calais doit exécuter toute la gamme des dentelles riches et ordinaires : les Chantilly, Malines, Valenciennes, la dentelle de soie ou mi-soie, l'entrelas de fils d'or, la dentelle à paillettes, les voilettes, le shadow de coton, etc. Si l'on examine les statistiques de la production, on constate immédiatement les difficultés dans lesquelles se débat la fabrication. De 1908 à 1913, le chiffre d'affaires de la fabrique oscillait entre 70 et 95 millions, après avoir atteint de 95 à 115 millions de 1905 à 1907. Or, en 1921, malgré la hausse des prix, on n'a enregistré que 100 millions, et 85 seulement en 1922.

Sans doute, on doit observer qu'au début de l'armistice toutes les circonstances ont été défavorables à la production, et que le nouveau régime fiscal a pesé sur l'activité industrielle, mais Calais a surtout pâti de la défaveur de la dentelle auprès de la clientèle féminine. Le premier semestre de 1923 a, toutefois, marqué une évolution de la mode, dont la dentellerie a largement bénéficié. Elle a marché, en effet à plein. Calais a reconquis une nouvelle jeunesse. Mais faut-il en conclure que les jours fortunés d'antan vont renaître ? Trop de causes extérieures tendent à créer de nouvelles entraves à la fabrique pour que l'avenir ne soit pas indécis. Tel est le point que nous avons maintenant à examiner.

II

La Concurrence étrangère et les Salaires dans l'Industrie de Calais

Calais alimente surtout les marchés étrangers. Elle est la grande fournisseuse de l'Amérique du Nord. C'est ainsi qu'en 1920 elle y exportait pour 70 millions de francs de produits et 53 millions et demi en 1921 — 60 en 1913. La France ne lui demande guère que de la dentelle de soie. L'Angleterre, de son côté, lui prend des produits de soie, et, en particulier, de soie artificielle.

Si l'exportation se raréfie, la fabrique calaisienne est immédiatement en mauvaise posture. Or, non seulement les Etats-Unis ont poursuivi le développement de leur industrie dentellière depuis 1910, mais voici que l'Allemagne nous fait une âpre concurrence outre-Océan, après nous avoir radicalement fermé son propre marché. Depuis 1919, Dresde et Plauen ont reçu environ 300 métiers à dentelles. Nous avons pu voir, au musée du syndicat, des dentelles d'origine germanique, cherchant à copier les nôtres. Elles sont moins originales, plus frustes, moins harmonieuses à l'œil, mais on les propose à des prix inférieurs parfois de 50 % à ceux que nous pouvons consentir. Il y a donc là un danger qu'on ne saurait mépriser. Par ailleurs, les produits calaisiens sont outrageusement frappés en Amérique de taxes « ad valorem » d'entrée de 90 %.

L'Angleterre de son côté, en mal de protectionnisme, s'ingénie à paralyser l'action de Calais en Grande-Bretagne. Nos alliés nous menacent d'élever de 33 % les droits d'entrée sur nos dentelles. La fabrication calaisienne protestait énergiquement en octobre 1923, auprès du Board of Trade, contre toute mesure de ce genre. Si l'on songe que la consommation russe nous est interdite, on voit quels soucis affectent les industriels du Pas-de-Calais.

Il leur est difficile, pourtant, d'envisager une réduction de leurs prix de revient. Depuis la guerre, tous les métiers ont été électrifiés. Il est problématique, par conséquent, de compter sur un perfectionnement nouveau de l'outillage.

D'autre part, les salaires ont progressé. Le whappeur, qui recueillait par semaine, il y a 10 ans, de 25 à 30 francs, en reçoit de 55 à 80, le survideur de 25 à 30 au lieu de 12 à 18, la wheeleuse, qui prépare les fils pour le tissage, de 80 à 100, contre de 20 à 30, tandis que la dévideuse se voit octroyer de 45 à 50. L'augmentation générale voisine 107 %. Elle apparaît ainsi très inférieure à celle qui a été attribuée ailleurs aux salaires du textile.

Sans doute, on cite des ouvriers qui se font 200 francs par semaine, en pleine saison. N'oublions, cependant, pas que le travail est aléatoire et n'occupe souvent le prolétaire que 5 à 6 mois par an. Il faut, néanmoins, manger durant 365 jours!

La dentellerie de Calais ne saurait donc tabler sur une compression des rémunérations. On nous faisait remarquer, il est vrai, qu'elle pourrait, dans une certaine limite, améliorer sa situation en modifiant son organisation de vente. Le patron actuel, ancien ouvrier, s'est toujours abandonné à la discrétion des « commissionnaires » qui placent ses tissus. Il n'a aucun contact avec la consommation. Outre que ce système est fort onéreux, en multipliant les intermédiaires, il empêche la dentellerie de guider la mode, de l'orienter, et, par suite, d'assurer la vitalité de la production. Il y a là, semble-t-il, une lacune à combler.

III

Le Velours et l'Industrie d'Amiens

Comme Calais constitue le principal centre national pour l'élaboration de la dentelle, Amiens s'est spécialisé dans l'exécution des velours. On y travaille, d'ailleurs, simultanément la laine, le coton, le lin et le jute.

L'industrie du velours est en honneur non seulement à Amiens, mais dans ses environs, à Pont-de-Metz, à Aultries, et elle se prolonge même jusque dans l'Oise, à Ourscamp.

Neuf établissements groupent autour de 5.000 métiers. Un seul agglomère plus de 1.000 ouvriers. Le coupage à la main et le tissage traditionnel ont persisté à Vignacourt, Mirvaux, Flesselles, mais tendent à disparaître. La fabrication a résisté à la guerre, à la concurrence de Lille, de Roubaix, de Saint-Quentin et de l'Est, à la rivalité britannique, mais elle ne paraît pas pouvoir fournir plus des 150.000 pièces d'antan.

Le velours d'ameublement est pratiqué par quatre maisons, réunissant au total 300 métiers. Un des établissements avait été détruit par la guerre, il a été complètement restauré.

Malgré l'abondance relative de la main-d'œuvre, les salaires ont triplé, passant de 40 à 120 francs par semaine en moyenne.

Autour de l'industrie des velours gravitent, dans la Somme, toute une série de préparations textiles. Doullens file le coton, Abbeville et Hallancourt confectionnent le linge de table (800 métiers en deux usines). Beaucamp comporte quelques ateliers utilisant les déchets de poils de chameau pour préparer des doublures de tapis, dites thibaudes. A Hardivilliers et au Croc (Oise), on tisse la laine, à Moislains la serviette-éponge. La bonneterie fleurit dans le Santerre et à Corbie, et certaines usines peuvent jeter sur le marché 50.000 douzaines de bas. Péronne fait le populaire « bluteau ». Dans maint foyer on réalise le tissu pour houppes. Près de Péronne, on tisse enfin le crin. Tout ceci sans préjudice du travail du jute et du chanvre dont nous aurons à reparler. Mais soierie et passementerie ne sont plus qu'un souvenir.

Il n'en reste pas moins qu'indépendamment du jute et du chanvre, la Somme produit pour plus de 150 millions de tissus.

IV

La Dentellerie à Caudry

Calais, qui doit subir les assauts de Nottingham et de Plauen, rencontre, sur le territoire national, la rivalité de Caudry. Eloignée de Cambrai et de Saint-Quentin d'une vingtaine de kilomètres, la cité du Cambrésis occupait, en 1914, la première place dans le monde pour l'exécution des tulles de coton. Sa réputation était telle que l'Angleterre et l'Allemagne y avaient installé des comptoirs et même quelques ateliers.

La puissance d'expansion de la tullerie caudrésienne avait été facilitée par le perfectionnement de l'outillage et son accroissement continu. Alors qu'on n'enregistrait que 150 maisons en 1908, pourvues de métiers leaver, on en compte 375 en 1913, et, durant la même période, le nombre des appareils avait progressé de 375 à 550. A la veille du conflit, on chiffrait simultanément 350 métiers circulaires, pour l'élaboration du tulle uni et grec, contre seulement 150 dix ans plus tôt. En outre, deux maisons (27 métiers) pratiquaient la guipure et le point d'esprit, et 35 (160 métiers) la broderie Schiffli, introduite il y a 25 ans de Suisse et de Saxe. Six teintureries complétaient ces fabrications.

Mais il convient immédiatement d'observer que le rayon de Caudry se prolongeait dans tout le Cambrésis, qui s'honorait de posséder, à la fin de 1911, 325 tulleries, 550 métiers à broder mécaniques, 600 à bras, et d'employer 15.500 ouvriers, dont 10.000 à domicile. La production totale dépassait 200 millions en 1913.

L'industrie de la tullerie fut profondément meurtrie par l'occupation. Caudry fut bombardée dès août 1914, et l'outillage fort malmené par les envahisseurs. L'inventaire officiel de 1920 fixait à 545 le nombre des métiers détériorés, à 390 celui des appareils inutilisables, et à 200 millions les dommages du rayon.

La reconstitution fut longue et pénible, rendue plus difficile par la nécessité d'importer de Nottingham un matériel dont la valeur avait quintuplé.

Ce n'est guère qu'aujourd'hui que la restauration a pu être menée à sa fin. En novembre 1923, l'arrondissement de Cambrai comportait 273 fabriques de tulles et dentelles, dont 220 pour la seule agglomération de Caudry. Le complément appartenait à Inchy (30 ateliers), Ligny (8), Béthancourt (3), Busigny (2), Bertry (2), Troisvilles, Audencourt, Beauvois, Maurois, Quiévy, Neuvilly, chacune un), etc. Le nombre des métiers leaver atteint 400 pour Caudry et 70 pour la campagne ; on signale, de plus, 350 métiers circulaires et 28 à guipures, pour deux fabriques. Il sied de remarquer que le matériel a été réduit quant au nombre. Mais il faut également considérer que, lors de la rénovation, on s'est appliqué à renforcer la puissance des engins.

La broderie cambrésienne comprend, d'autre part, 197 fabriques, dont 66 à Caudry. La broderie Schiffli occupe 200 métiers, soit 40 de plus qu'en 1914. Elle présente, en effet, une exceptionnelle activité. La guipure n'emploie toujours que 28 métiers.

Dans l'ensemble, la tullerie et la dentellerie du Cambrésis peuvent élaborer, en marchant à plein, pour 135 millions de marchandises, dont 120 pour Caudry. La puissance de production de la broderie s'élève à 33 millions dont 9 pour Caudry, tandis que la guipure doit pouvoir réaliser pour près de 7 millions de tissus. Au total, le rayon doit pouvoir fabriquer pour 175 millions de matières finies.

Il s'en faut, toutefois, que Caudry ait pu bénéficier de tous ses moyens.

L'après-guerre lui a été particulièrement douloureuse. Tout d'abord, le retard apporté à la restauration industrielle a interdit à la fabrique de profiter de la période de prospérité qui a suivi la paix. Calais, au contraire, a pu alors travailler à plein. L'outillage venait d'être remis au point lorsque, précisément, la matière première a vu ses cours s'effondrer. Les Caudrésiens, qui avaient acheté cher, ont été très touchés à cette occasion. Puis, ce fut la hausse subite de la soie, après le désastre japonais. Les affaires furent arrêtées alors que la reprise s'affirmait. Néanmoins l'année 1923 a été relativement favorable à la production cambrésienne.

Il faut d'ailleurs, remarquer que Caudry opère surtout en vue de l'exportation. Les Etats-Unis figurent comme les meilleurs clients de Caudry. Or, l'Amérique a acheté du matériel à Nottingham et entrepris la fabrication en série. Cependant, l'installation à Caudry de maisons d'achats américaines — les comptoirs allemands n'ont pas été reconstitués — a favorisé les échanges interocéaniques. Le Cambrésis est, en outre, sevré de sa clientèle de l'Europe Centrale, dont les marchés nous sont provisoirement fermés.

Ces circonstances sont très préjudiciables à Caudry. On n'y désespère pourtant pas de l'avenir. Il y a à peine quelques mois, la fabrique inaugurait une école d'apprentissage, dotée de 3 métiers. Les industriels comptent ainsi remédier à l'insuffisance de main-d'œuvre qui se manifestera le jour où les ateliers devraient marcher au maximum. Jusqu'ici les métiers n'ont pas manqué de bras, les salaires de 1914 ayant été élevés de 200 à 250 % et la tullerie appliquant à son personnel les tarifs de Calais, vie chère comprise.

Mais le moindre boom aurait pour effet d'embarrasser les producteurs, toutes les disponibilités humaines étant employées.

Encore une fois se révèle le danger qui provient de la médiocrité de la natalité française. Or, n'oublions pas que l'industrie de Caudry exige des techniciens et des artistes. Elle ne saurait importer n'importe quelle main-d'œuvre du dehors.

V

L'Industrie chanvrière française

L'industrie française du chanvre ne saurait prétendre rivaliser avec celles du coton, de la laine, ou même du lin. Elle joue, toutefois un rôle dans l'économie nationale, et particulièrement dans l'Ouest. Ceci tient à ce que la culture du chanvre fut longtemps en honneur dans la vallée inférieure de la Loire, à l'aval de Langeais, et dans le Chatelleraudais et le Maine. Avant la guerre, nous cultivions en chanvre 13.870 hectares, et récoltions autour de 14.000 tonnes. Or, la Sarthe, pour son compte, recueillait 6.250 tonnes, et Maine-et-Loire plus de 1.000 tonnes. L'Ouest, à lui seul, assurait 55 à 60 % de la fourniture nationale.

Il y a lieu de considérer que cette culture a malheureusement profondément regressé, comme en témoignent quelques chiffres. En 1883, le chanvre occupait 102.000 hectares de notre sol. La superficie utilisée n'atteignait plus que 41.000 hectares en 1893, 20.000 en 1903, 13.000 en 1913.

Aussi la production avait-elle fléchi progressivement : 44.600 tonnes en 1883, 26.900 en 1893, 18.000 en 1903, 13 à 14.000 à la mobilisation.

Mais, simultanément, nous devions accroître nos importations, pour répondre aux exigences de la consommation. En 1913, nous recevions, de ce chef, 25.000 tonnes de chanvre broyé et peigné, 350 de peigné, 4.137 d'étoupes.

D'après les calculs de M. Dantzer, ces importations représentaient 210 % de notre production et 71 % de nos besoins.

Nos fournisseurs étaient surtout l'Italie qui a 150.000 hectares de chanvrières et nous livrait 10.300 tonnes, et la Russie, (740.000 hectares de plantations), à laquelle nous étions redevables de 6 à 7.000 tonnes, l'Angleterre nous expédiant 3 à 4.000 tonnes.

A ces importations correspondaient, en 1913, une très modeste exportation de 700 tonnes.

La guerre a, évidemment, apporté de profondes modifications dans les échanges. Nous avons demandé à l'étranger plus de 23.000 tonnes en 1916, près de 14.000 en 1917, tandis qu'en 1919 nous introduisions 29.403 tonnes, et 21.135 en 1920. Mais, fait à considérer, en 1920, nos exportations de matière première se sont élevées à 2.177 tonnes, chiffre jamais enregistré (769 tonnes en 1919).

L'industrie employant concurremment le chanvre avec le lin ou le jute, une discrimination de la production et du matériel est difficile.

En outre le nombre de broches n'est pas un criterium en ce qui touche les fabrications chanvrières. Cependant, on pourrait peut-être évaluer à 7 ou 8.000 les métiers à chanvre, tandis que la corderie, avec 1.300 ateliers, et 15 à 16.000 ouvriers, peut élaborer 45 à 50.000 tonnes de ficelles et cordages, et la filature autour de 35.000 tonnes.

Avant les hostilités nous introduisions sur notre marché 647 tonnes de fils de lin et chanvre. Mais, par contre, nous expéditions 11.547 tonnes. En 1919 et 1920, nos achats ont été portés à 6.663 et 6.879 tonnes, cependant que nos envois n'excédaient pas 384 et 3.360 tonnes. Il y a donc eu nouvelle orientation du trafic. Simultanément, les entrées de ficelles et cordages se sont chiffrées à 2.233 et 1.601 tonnes, contre 358, en 1913, alors que nos livraisons s'équilibraient à 3.133 et 5.659 tonnes pour 5.620 en 1913. Ainsi en 1920, nous retrouvions à l'exportation le tonnage d'avant guerre en ce qui concerne la corderie, alors que nos importations avaient beaucoup fléchi. Par opposition, nos ventes de fils de lin et chanvre ont singulièrement regressé, pendant que nos achats décuplaient.

Pour les tissus, à 5.087 tonnes d'entrées pour 1923 — lin et chanvre — correspond un tonnage de 4.400 tonnes en 1919 et 2.761 en 1920, ce dont il y aurait lieu de se féliciter si nos exportations n'avaient rétrogadé à 432 et 1.242 tonnes, contre 3.756. La destruction de l'outillage du Nord avait largement contribué à ce déclin. Depuis trois ans, toutefois, le mal a été réparé et l'équilibre antérieur rétabli.

Le développement ultérieur de l'industrie chanvrière devrait reposer sur une intensification de la culture nationale du chanvre. Les filateurs et tisseurs sont d'accord sur ce point. Mais cette renaissance se heurte à certaines entraves : la pénurie de la main-d'œuvre dans les campagnes, les difficultés d'arrachage de la plante, le rouissage qui pollue l'eau des rivières, et que l'administration tend à interdire. Une des plus hautes personnalités de l'industrie estime, toutefois, qu'il serait possible de pallier à ces sujétions. C'est ainsi que le Conseil général d'un département chanvrier envisageait récemment la création de bassins filtrants, pour la purification des eaux de rouissage, nuisibles à la reproduction du poisson. De même, au lieu de généraliser un rouissage industriel, trop onéreux, on doit plutôt industrialiser le rouissage naturel. La Sarthe, par exemple, a déjà réussi la mise à l'eau mécanique, et le broyage à la machine.

Le paysan — on ne saurait trop le lui répéter — a tout avantage, malgré les complexités de cette culture, à étendre ses chanvrières. Non seulement la plante purifie le sol et le prépare incomparablement aux céréales, mais les prix de vente des fibres sont singulièrement rémunérateurs. En 1922 le chanvre broyé et roui valait 280 francs le quintal, ce qui représente autour de 4.000 francs de recettes par hectare. Il faut aussi considérer que la plante est adulte après 3 mois 1/2 de culture. Pourquoi, dans ces conditions, dédaigner une richesse dont l'industrie a le plus grand besoin ?

VI

L'Industrie chanvrière de l'Ouest

Du fait de ses origines, l'industrie chanvrière s'est surtout fixée dans l'Ouest, et plus particulièrement à proximité de la vallée de la Loire. Le Maine, l'Anjou, le Poitou comptaient, jadis, de nombreux artisans, plus spécialement des cordiers, qui travaillaient à domicile, et dont la fabrication a décliné naturellement avec la généralisation du machinisme.

La préparation du chanvre paraît avoir été instaurée à Angers vers 1845. La filature mécanique fut introduite dix ans plus tard, et Angers groupa bientôt trois établissements. L'un d'entre eux acquit rapidement une certaine prospérité en poursuivant l'exécution de la toile à voile, inaugurée dès le XVIIIe siècle par la Manufacture royale. L'année 1901 vit la fusion des entreprises rivales. Mais une quinzaine d'années plus tôt, deux autres maisons s'étaient constituées, qui perpétuèrent leurs opérations. On en signalait quatre à la veille de la guerre, plus deux dans la Sarthe, une dans l'Ille-et-Vilaine, une dans la Vienne, etc.

Il convient immédiatement, de considérer que l'industrie chanvrière présente des physionomies différentes. Si certaines affaires comportent simultanément la filature, la corderie, le tissage, voire la confection, d'autres se sont spécialisées, et n'exécutent qu'une partie de ce programme.

C'est ainsi qu'à Angers, à côté de l'entreprise maîtresse, qui peigne, file, retord, câble, tisse, élabore toiles, filets, sangles, une maison se contente de peigner et file à la main. A Paimbœuf, comme à Nantes, on ne pratique que la corderie. Au Mans, comme à Rennes, le travail est complet mais alors que le jute entrait dans la fabrication comme élément principal, le chanvre a détrôné le textile de l'Inde dans telle usine sarthoise.

A Alençon, au contraire, la filature-tissage est passée entre les mains d'une puissante Société linière du Nord.

On peut affirmer que cette industrie a été favorisée par la guerre. Le nombre des métiers a été accru de 25 à 40 %, et l'outillage modernisé, tant pour les besoins de la défense nationale que pour obvier aux restrictions de la main-d'œuvre. Mais la capacité de production, du fait de la loi de huit heures, n'a pas varié effectivement. Comme hier, les Filatures, Corderies et Tissages d'Angers (Anciens Etablissements Bessonneau) ne peuvent guère livrer au delà de 60.000 kilos par jour, et leurs voisins que 1.500 à 2.000 kilos.

Au Mans, l'industrie chanvrière doit pouvoir élaborer 20.000, peut-être 25.000 kilos par jour. A Rennes, on tablera sur environ 3.000 kilos, comme à Ligugé, près de Poitiers. La Corderie de Paimbœuf ne saurait, semble-t-il, débiter plus de 2.000 à 3.000 kilos.

Encore sied-il de ne pas oublier que le chanvre n'est pas la matière première unique utilisée. Le jute, l'aloès, le phormium, le lin sont concurremment mis en œuvre et une discrimination est impossible.

Bien qu'une statistique absolue soit irréalisable, on peut estimer à 700 ou 800 le nombre des métiers installés par les chanvriers de l'ouest. Nous ne comprenons dans ce total ni les ateliers de La Rochelle, ni ceux de Brest, de Fécamp ou de Saint-Malo, d'ailleurs plutôt orientés vers la corderie ou la filature.

Angers occupe à cette industrie autour de 5.000 ouvriers, 7.000 avec le personnel à domicile, c'est-à-dire un peu plus qu'avant-guerre. Les salaires se sont élevés de 375 % environ. Néanmoins, le recrutement est insuffisant. Les chanvriers embaucheraient volontiers des collaborateurs si le réservoir n'était vide. Ils ont bien pensé à faire appel, comme d'autres industriels, à la main-d'œuvre du dehors, mais ils se heurtent à l'absence de logements, qui paralyse leurs initiatives. Aussi aménage-t-on de nouveaux foyers.

Cette considération limite fatalement l'essor futur de la fabrique. En outre, pour le matériel, les producteurs sont gênés par l'obligation où ils se trouvent d'importer la plupart de leurs machines de l'étranger à des prix prohibitifs.

Cependant, l'exportation chanvrière pourrait être développée au jugement de ses dirigeants autorisés. Il y a dix ans, nous expédiions outre-frontière 15 % de nos produits. Malgré la concurrence accrue de l'Italie, nous avons encore amélioré notre situation sur les marchés de l'Afrique du Nord et le Maroc nous donne de belles espérances. Nos colonies peuvent aussi nous acheter davantage. La déchéance allemande nous a, par ailleurs, été profitable dans une large mesure. C'est ce qui explique l'avantageuse position de notre fabrication.

Mais, on ne saurait trop le répéter, ces perspectives sont malheureusement contrariées par notre impuissance en ce qui concerne la récolte de la matière à traiter. Non seulement la France recueille de moins en moins de chanvre, mais nos cultivateurs, gâtés par ailleurs, n'apportent plus guère de soins à préparer la fibre. Il est regrettable de constater que nous ne fournissons que le dixième des besoins de notre industrie. Pour le présent, à l'heure où le franc est déprécié, le fait constitue une hérésie économique. Que dire, toutefois, des dangers que notre impéritie pourrait faire courir au pays en cas de conflit ?

Si la France doit s'efforcer de mettre en œuvre toutes ses richesses naturelles, pour assurer sa renaissance et son expansion, n'est-ce pas dans le domaine chanvrier qu'elle manque le plus à ses devoirs, dans ce domaine où elle occupait la première place il y a un demi-siècle ?

VII

L'Industrie du Jute et ses Centres d'Activité

En tant que textile, le jute prend place après le chanvre, dont il n'a ni la force, ni la durée. Sa résistance à la rupture est souvent inférieure de moitié à celle du chanvre. La France, comme tous les autres pays, tire exclusivement la matière première des Indes anglaises, qui ont le monopole de cette culture.

D'après les jugements des personnalités les plus autorisées, aucune autre région du globe ne réunit à la fois les conditions de climat, de régime des eaux, et de main-d'œuvre à bon marché, indispensables à une production économique et abondante. Les essais de culture ont donné partout ailleurs, et en Indo-Chine notamment, des résultats décevants. La Grande-Bretagne détient, en fait, par le jute, une maîtrise sur les facilités de transport du monde entier.

Le marché principal du jute est à Londres. L'Association des Exportateurs de Calcutta publie, pour faciliter les transactions, un catalogue des marques. Le dernier de ces catalogues ne comprend pas moins de 2.500 marques, ce qui prouve la diversité de la marchandise offerte.

Les importations de jute brut indispensables à la fabrication française atteignaient en 1913 1.222.000 quintaux ou 14,1 % de la consommation mondiale. Après avoir fléchi à 89.400 quintaux en 1918, elles se sont relevées, en 1922, à 861.000 quintaux. La Grande-Bretagne utilisait en 1913 35,3 % et l'Allemagne 18,8 % de la production. On estime que 90 % de la matière première sont réservés à la préparation de toiles d'emballages et de sacs pour l'acheminement des produits mi solides, mi liquides, tels que céréales, farines, soufres, engrais ou ciments.

Les transports modernes, par rail ou par eau, seraient inconcevables sans le récipient de jute.

La filature et le tissage du jute sont particulièrement concentrés dans la région septentrionale et orientale de la

France, et spécialement dans trois zones : 1° Dunkerque et ses environs, Saint-Pol, Coudekerque, Petite Synthe, Capelle et Téléghem, avec environ 40.000 broches ; 2° la vallée de la Somme, de Fixécourt à Abbeville, et à Ailly-sur-Somme (Ailly, Candas, Forceville, Longpré - les - Corps -Saints, Beauval, etc.) ; 3° l'Alsace avec Bischwiller et Colmar.

Un centre de moindre envergure a été créé autour de Lille (Lille, Roubaix, Tourcoing, Halluin, Houplines, Watten, Werwicq, Ilumégies-sous-Saint-Amand).

Un autre rayon, d'importance limitée, s'est développé dans les Pyrénées (Oloron, Hagetmau) où l'on met en œuvre la toile de jute pour la confection de chaussons dont les semelles sont tressées en fils de jute. Enfin, quelques établissements sont disséminés à travers l'étendue du territoire : à Ligugé, dans la Vienne, La Verrie et la Sandrosière en Vendée, La Ferté-Bernard (Sarthe), Barentin en Seine-Inférieure, Arques dans le Pas-de-Calais, Saint-Laurent-de-Cerdans (Pyrénées-Orientales), Albi, Saint-Etienne et Marseille. Ces derniers relèvent aussi de l'industrie chanvrière ou linière.

En fait, les usines apparaissent essentiellement installées dans les contrées les plus riches de la production minière, agricole ou industrielle ; le développement économique dans le Nord de la France a nécessité des demandes toujours accrues de sacs et de toiles d'emballage ; en même temps, les usines ont tendu à s'aménager près du port dunkerquois, le plus rapproché du marché londonien de la matière, en vue de limiter les frais de transport.

La fabrication des fils et tissus de jute exige de gros capitaux d'installation et de roulement. Le jute, en effet, peut se conserver plusieurs mois sans détérioration. Les industriels ont donc intérêt à constituer des stocks importants lorsque les cours sont bas. Mais, dans ces conditions, ils doivent disposer de vastes magasins. D'autre part, le jute étant lourd et grossier, le matériel de fabrication doit être très résistant, partant pesant, massif et encombrant. Les filatures et tissages de jute, conséquemment, occupent une grande superficie. De plus, la force motrice indispensable consomme beaucoup de charbon — environ 1 kilo par kilo de sac fini.

La capitalisation, par rapport à un chiffre d'affaires relativement peu élevé, est sans comparaison avec celle des autres industries textiles.

Les intérêts des capitaux, les amortissements forcément rapides par suite de l'usure prompte du matériel, et la main-d'œuvre représentent 40 à 50 % du prix de revient. Aussi, l'industrie du jute, élaborant des produits strictement utilitaires, dont la vente n'offre pas l'élasticité des prix des articles de luxe, ou même simplement d'usage domestique, doit-elle comprimer ses prix de revient au maximum. C'est pourquoi elle doit, en vue de fabriquer économiquement, obtenir de son outillage le meilleur rendement. A cet égard la réglementation de la durée du travail lui a été très préjudiciable et a largement contribué à augmenter les prix des tissus de jute dans notre pays, cette industrie étant celle où le personnel est comparativement le plus nombreux.

VIII

La Production et la Consommation du Jute

La filature de jute compte environ 170.000 broches. Elle écoulait aisément sa production d'avant guerre grâce à des utilisations nouvelles, telles que l'emploi des numéros fins pour certains tissus d'habillement et pour la toile tailleur, outre que les fils de jute font, pour la fabrication des cordes et des cordages et certaines adaptations communes, une concurrence de plus en plus redoutable au lin et au chanvre.

Les tissages de jute, de leur côté, fournissent surtout des sacs et des toiles d'emballage ; mais ils livrent également à la consommation des velours, des tapis à bon marché, des paillassons, des toiles cirées pour parquets, des toiles à matelas, des toiles gommées pour la confection et la cordonnerie, des bâches, des torchons, etc.

Le retour de l'Alsace-Lorraine a accru notre capacité d'élaboration de 10 % environ.

L'industrie française du jute a été constituée en vue de répondre à tous les besoins du marché national, même dans les années de récolte abondante en France et dans l'Afrique du Nord. Dans les mauvaises années, l'avilissement du prix des emballages a toujours été fort sensible en raison de la concurrence entre tisseurs français. On peut donc dire que la prospérité de l'industrie du jute est fonction des quantités de céréales récoltées chaque année et de celle du sucre fabriqué. De même, ce textile est intimement lié à l'industrie des transports, et, de ce fait, subit les contre-coups des fluctuations de la production.

On se rend aisément compte de l'instabilité de cette industrie par les statistiques d'introduction de la matière première. C'est ainsi qu'à une importation de 1.106.000 quintaux de jute brut, en 1912, et de 1.222.300 en 1913, a correspondu une réception de 1.077.000 en 1919, 587.000 seulement en 1920, moins encore en 1921 (499.200) et 860.700 en 1922. Durant la guerre, les entrées n'ont jamais excédé 777.900 quintaux (1916), mais se sont effondrées à 894.000 en 1918. Quant à la valeur de la matière, elle est passée de 73.340.000 francs en 1913, à 140 millions environ de 1920 à 1922, et même à 206.800.000 en 1919.

Largement outillée pour alimenter les exigences nationales, la filature avait réussi à conquérir des débouchés extérieurs. Nos exportations de fils fins étaient en progression constante avant la guerre. Elles atteignaient 67.382 quintaux en 1913. Les hostilités ont anéanti ce trafic, qui a repris péniblement dans la suite, avec 15.000 quintaux en 1921 et 19.600 en 1922.

Pour ce qui est des tissus, la situation est bien meilleure. Leur expédition au dehors, paralysée au cours du grand conflit, a repris progressivement après l'armistice. Après avoir fléchi à 64.850 quintaux en 1918, les exportations se sont relevées à 96.300 en 1919, 122.800 en 1920, 162.500 en 1921 et 183.900 en 1922, contre 173.000 en 1912 et 187.300 en 1913. Mais la valeur des envois a été portée à 46.200.000 francs en 1922, pour 17.300.000 francs seulement en 1913.

Notre meilleur client extérieur est l'Algérie ; la Tunisie et l'Afrique occidentale reçoivent également une partie de nos fournitures, quoiqu'en Tunisie — comme au Maroc d'ailleurs — le jute étranger soit favorisé par les prix du fret et les régimes douaniers.

Dans nos autres colonies, les affaires sont le plus souvent accaparées par Dundee ou par les Indes, ou même par les possessions britanniques voisines. La seule région susceptible de nous ouvrir un champ d'action étendu est l'Afrique occidentale, car l'Indo-Chine et Madagascar sont trop éloignées de la métropole, alors que, d'autre part, la proximité des Indes et du Cap les placent dans l'orbite de la production anglaise.

En dépit de notre capacité de fabrication, la France demande à l'étranger un tonnage assez élevé — et malheureusement croissant — de tissus de jute et phormium. Déjà en 1912, nous en achetions au dehors 289.000 quintaux et 284.600 en 1913 (valeur 15 millions). Pendant la guerre, nous avons importé annuellement plus de 500.000 quintaux (685.600 en 1917). En 1919, nos réceptions ont atteint 570.200 quintaux, en 1920, 689.700, pour fléchir à 367.700 et 417.100 en 1921 et 1922.

Le fait est d'autant plus regrettable qu'en 1920 nous avons dû décaisser, sur ce seul terrain, 380 millions (14 millions 600.000 fr. en 1913).

Il est bien évident que les taxations douanières ont, dans ces conditions, une influence capitale sur l'activité de l'industrie du jute. Des droits d'entrée modestes sur les produits manufacturés ont permis jusqu'ici à l'industrie de vivre et d'approvisionner le marché national. Par contre, toute réduction sur les droits d'entrée, ou tout régime facilitant l'entrée temporaire des marchandises, fils, toiles ou sacs, provoquerait infailliblement le déclin et la disparition totale, ou partielle, d'une fabrication essentielle pour le pays en temps de guerre, et qui nourrit un personnel nombreux.

Encore une fois s'avère la nécessité de ne modifier qu'après une étude minutieuse des incidences, les réglementations fiscales, œuvre du temps et de l'expérience. Une erreur parlementaire pourrait octroyer à l'Angleterre le monopole du commerce des tissus de jute.

IX

Troyes, Capitale de la Bonneterie

Déjà, bien avant la guerre, la bonneterie de Troyes et de l'Aube avait pris un remarquable développement, en étouffant progressivement l'antique fabrique de Falaise qui s'endormait dans la routine. Au travail, d'abord rural, tendait à se substituer peu à peu l'exploitation usinière. De vastes établissements s'étaient édifiés à Troyes et à Romilly-sur-Seine. On en comptait au total 83, alimentés en partie par les filatures auboises, dont 3 filaient le coton, et une la schappe. Le nombre des métiers n'avait jamais été précisément recensé, et il eût, d'ailleurs, été difficile de fonder une statistique sur l'outillage par suite de la diversité du matériel utilisé. Celui-ci tendait à se perfectionner constamment. Le métier à 18 têtes remplaçait l'appareil à 12 têtes.

Toutefois, on évaluait à 14 ou 15.000 individus le personnel de Troyes, à 10.000 celui du rayon extérieur. A la veille de la mobilisation, une seule maison occupait 2.000 ouvriers, une autre 1.200, une de 700 à 800, deux de 500 à 700 ; la moyenne des effectifs atteignait 250 ouvriers à Troyes.

A Romilly, aucune entreprise ne groupait plus de 400 salariés.

Au total, la bonneterie auboise produisait pour 100 millions par an.

La guerre devait singulièrement affermir cette vitalité. La mobilisation, en enlevant une bonne partie du personnel masculin, réduisit de 50 % la capacité de fabrication. Mais, dès la fin de 1914, la fabrique entreprit de remédier à ce déclin. Elle y était, d'ailleurs, incitée par l'écoulement rapide — et avantageux — des stocks accumulés. L'opération consistait à accroître l'effectif féminin, par la remise en service de métiers anciens, à 6 et 12 têtes. La réforme devait, cependant, rencontrer de vives résistances, même du côté patronal. Des hommes clairvoyants surent l'imposer, et de hauts salaires provoquèrent l'afflux des ouvrières.

Aujourd'hui, elles figurent pour 60 % environ de la population salariée.

On résolut, avec la même énergie, les délicats problèmes des transports et de l'approvisionnement en matières premières et aiguilles. Aussi, de 1916 à 1918, la bonneterie de Troyes connut-elle une ère d'activité incomparable.

Depuis lors, cette industrie a encore progressé. Lorsque nous avons commencé cette enquête, les dirigeants du textile avaient attiré notre particulière attention sur l'essor inouï de la bonneterie. « Vous verrez, me disait-on, quelle place elle occupe aujourd'hui dans l'économie nationale, et vous en serez étonné ». Les faits ont confirmé cette assertion.

La bonneterie auboise a débordé son ancien cadre. La filature, devant des besoins accrus, a augmenté son matériel. Elle dispose aujourd'hui de plus de 80.000 broches, et compte sept établissements, contre quatre en 1914. Quatre filatures travaillent le coton à Troyes, et une à Lenclos. La filature de schappe a poursuivi et amplifié sa production, tandis que la filature de la laine a été intronisée dans la métropole de l'Aube. 1.300 ouvriers sont au service des filateurs.

Le tissage est pratiqué sur une large échelle à Troyes, Romilly et Aix-en-Othe, mais également dans de nombreux bourgs, Arcis-sur-Aube, Estissac, Fontaine-les-Grès, Mesgrigny, Origny-le-Sec, Orvilliers, Marigny, Pâlis, Plancy, etc. Troyes s'honore d'abriter 50 usines de bonneterie, mais il n'est plus possible de chiffrer le nombre des petits ateliers. Boutiques et appartements libres sont accaparés aussitôt, et mués en ateliers de 8 à 10 métiers. Des métiers sont installés dans des logements privés. Il y a une fièvre du tricot, comme jadis de l'or.

Aussi évalue-t-on actuellement à 20.000 le personnel salarié de Troyes et de sa banlieue contre 12.000 en 1913, à 3.000 celui de Romilly, à 30.000 la population active de l'Aube bonnetière pour 22.000 avant guerre.

Le développement de cette fabrication s'avère également dans l'extension de certaines entreprises. Deux maisons occupent, en effet, autour de 3.000 ouvriers, et la moyenne du personnel employé a été portée à 500-600.

D'un autre côté, en raison des gros capitaux désormais indispensables, les affaires privées ont tendu à se transformer en sociétés anonymes, et, à la fin de 1923, on envisageait de nouvelles concentrations.

Il convient aussi de remarquer que, non seulement on a remis en marche les métiers à 18 têtes, mais que le métier à 24 têtes a été répandu. Le métier à 12 têtes n'est plus guère utilisé que pour la soie. On s'est parallèlement attaché à accroître la vitesse des métiers, en amortissant les chocs, qui retardent le travail des aiguilles. Bref, les améliorations ont été poursuivies et intensifiées. Toutefois, les petits ateliers ont été pourvus seulement de métiers circulaires.

Troyes, enfin, a abordé toutes les préparations. Traitant à la fois le coton, la laine, le fil, la soie, la schappe, la viscose, elle jette sur le marché : bas, chaussettes, vêtements de sports, de voyages, sous-vêtements, robes, écharpes, maillots de bains, etc.

L'évolution accomplie se peut mesurer par un seul chiffre. La bonneterie troyenne, d'après les dernières estimations de ses maîtres, produit pour 500 millions par an, cinq fois plus en valeur qu'avant la guerre. Nulle autre industrie textile n'accuse une telle progression.

X

La Bonneterie de l'Aube dans la Production nationale

L'industrie auboise de la bonneterie a eu l'heureuse fortune de pouvoir recruter un personnel supplémentaire correspondant à ses besoins nouveaux, à son activité intensifiée. Mais, par ailleurs, elle a vu naître des concurrences inattendues. Lorsqu'il y a dix ans il nous fut donné d'étudier l'orientation de sa fabrication, nous devions constater le quasi monopole dont elle bénéficiait.

Dans le domaine du coton, elle n'avait point de rivale véritable. Par contre, elle rencontrait, sur le terrain du lin, la concurrence de Meaux et de la Picardie ; en matière de lainages, celle de la Somme, du Pas-de-Calais et du Roannais, et, pour la soie, elle abandonnait toute initiative au Languedoc. Les Pyrénées, l'Oise, l'Est se partageaient, d'autre part, la préparation des manteaux et châles. Néanmoins, la part de Troyes était de 40 %, en valeur, de la fourniture nationale.

La bonneterie, depuis la guerre, a pris un essor inespéré. Mais elle a dû évoluer. La soie a été de plus en plus employée, au détriment du fil, raréfié, et parfois du coton, ce dernier article étant lui-même d'un cours excessif. La bonneterie de laine aurait grandement périclité sans la vogue du vêtement de laine pour les deux sexes.

Le succès du tricot a incité d'innombrables créations, à Paris, Tergnier, dans le Tarn, à Bar-le-Duc, Saint-Dizier, Joigny, Montereau, Thônes (Haute-Savoie). Cependant, l'Aube a toujours maintenu sa prééminence en ce qui concerne l'article de choix.

Une bonne part du tonnage élaboré va à l'exportation. Déjà l'Allemagne, l'Amérique, l'Angleterre comptaient parmi nos meilleurs clients.

Nous nous heurtions pourtant, à la veille du conflit, à l'expansion industrielle de la Germanie, qui expédiait sur notre territoire national pour 14 millions de marchandises, et à la force acquise de la fabrique suisse, tandis que déjà se faisait sentir l'hostilité américaine.

La guerre a refréné le développement de la bonneterie allemande ; la Suisse a vu son action compromise en France par la hausse excessive de son change, alors que les Etats-Unis renforçaient leur capacité productive. Leurs 10.000 métiers permettent de livrer d'excellents articles classiques, qui sont appréciés de la consommation.

Nous aurions, conséquemment, pu redouter un recul sensible de nos exportations. La conquête de débouchés nouveaux, en Scandinavie, Esthonie et Lithuanie en particulier, nous a permis de compenser les déficits.

Les statistiques douanières en témoignent. Nos exportations de bonneterie sont passées de 2.656 tonnes en 1913 à 4.939 en 1920, et 3.915 en 1921. Elles ont dépassé en 1922, 2.500 tonnes. Si nous prenons une année type comme 1921, nous voyons qu'il a été expédié 3.400 kilogs de bonneterie de lin, contre 1.100 en 1913, 1.879.800 de coton (1.884.000 en 1913), 1.822.400 de laine (519.100) et 147.413 de soie (125.000). S'il y a léger fléchissement sur les envois de coton, on doit remarquer le progrès pour les articles de luxe, donc de prix. D'ailleurs, en 1920, les produits de coton acheminés s'élevaient à 3.267.600 kilogs ou presque le double de 1913. Le commerce de la bonneterie de soie, naguère ultra modeste, a été considérablement accrû en 1920-1921.

Pour les sept premiers mois de 1923, il paraît y avoir une amélioration sur 1922 pour le lin (2.000 kilogs), le coton (724.300), la soie (65.293), mais il y a eu sûrement recul pour la laine.

Dans l'ensemble, Troyes représente 35 à 40 % de la production et 15 % du trafic extérieur. Les relevés des gares principales de l'Aube indiquent qu'il a été mis sur wagon, en 1922, 12.521 tonnes, dont 10.862 pour Troyes seule, et 903 pour Romilly.

Dans quelle mesure la bonneterie peut-elle encore se développer ? Il est malaisé de le pronostiquer. Cependant le marché national consomme encore beaucoup trop de bonneterie étrangère. N'avons-nous pas importé en 1919 : 1 million 626.572 kilogs de produits, 1.265.955 en 1920, 266.167 en 1921, — pour 1.059.400 en 1913.

Etonnons-nous de la sarabande des changes dans ces conditions paradoxales !

La bonneterie française peut justement prétendre à alimenter l'intégralité du marché national. D'un autre côté, elle peut envisager d'enlever à l'Allemagne certaines places qui lui sont inféodées, comme le Levant turc. Troyes profiterait dans la plus large mesure de cette expansion. Il convient de signaler l'augmentation sensible de la ganterie de coton, naguère peu active.

Mais un obstacle peut entraver cette nouvelle marche en avant. Si la bonneterie de l'Aube a pu jusqu'ici recruter des bras complémentaires, à la faveur de hauts salaires qui ont suscité une offre continue de main-œuvre — certaines familles d'ouvriers gagnent entre 2.000 et 3.000 francs par mois — elle se trouve paralysée par la crise du logement. Des entreprises puissantes y ont remédié par la construction de cités.

Le Crédit Immobilier de l'Aube et la Société Coopérative d'habitations ouvrières ont aidé les maisons opulentes à créer des logements. Néanmoins, les locaux vacants font défaut.

Peut-être l'électrification des campagnes pourra-t-elle faciliter la solution du problème actuellement le plus inquiétant pour la bonneterie auboise.

XI

La Bonneterie de Normandie et la Renaissance de la Dentelle

La bonneterie normande de Falaise a précédé, dans le temps, celle de la Champagne. Falaise demeura, pendant des siècles, le principal centre d'élaboration du bonnet de coton, jadis d'usage général, mais l'essor de la bonneterie ne remonte pas au-delà de 1840, date de l'apparition du métier à platines. L'exécution des maillots, bas et caleçons fut instituée concurremment avec celle des coiffures, si bien qu'en 1860 on comptait 1.500 à 1.600 métiers, 80 maisons et 1.600 ouvriers à domicile. La bonneterie consommait alors 2.500 tonnes de coton, et 10.000 ouvrières procédaient à l'achèvement des étoffes. C'est vers cette époque que naquirent les premiers ateliers-usines, empruntant leur énergie à l'aube de moulins.

La multiplication des types, la confection du tricot et du

chaîné affirmèrent la vitalité de la fabrique. Mais l'inertie des producteurs, l'absence de toute concurrence et de toute initiative devaient anéantir les brillants résultats du passé. Les chômages, naguère inconnus, devinrent la règle après 1882, et la production du bas dut être abandonnée. Falaise se vida de sa population, et nombre de métiers furent laissés dans l'inaction.

En 1914, Falaise recélait seulement 10 usines, et Pont-d'Ouilly une.

Les établissements groupaient, au total, 200 métiers. Cependant le tissage à domicile était encore pratiqué, à façon, à Soumont-Potigny, Fontaine-le-Pin, Sassy, Fréney, Fresnelle-Méry, Couillibeuf. On fixait à 600 le nombre des tisserands au lieu de 3.000 en 1880.

La guerre rendit quelque prospérité à l'industrie falaisienne, qui a tendu à perfectionner ses opérations. La bonneterie normande est concentrée dans 8 fabriques, plus celle de Pont-d'Ouilly. Le travail à domicile, dont nous constations déjà la déchéance il y a 10 ans, est de plus en plus délaissé.

En principe, on ne réalise plus au dehors que les tissus pour la marine de guerre.

D'ailleurs, une évolution analogue s'est produite quant aux étoffes mises en circulation. Le bonnet de coton s'est raréfié. Le caleçon à œillets est moins recherché. Afin de répondre aux exigences de la consommation, Falaise a abandonné à Troyes le bas et la chaussette. Mais elle a instauré l'élaboration du gilet et du caleçon de demi luxe, en laine et coton fin, la confection de pure laine, la préparation du jersey et celle de tout l'équipement sportif, de plus en plus demandé.

Ces heureuses pratiques ont été favorables à l'industrie du pays Bocain. Jadis, Falaise n'alimentait guère que le marché français, celui de l'Ouest tout spécialement. L'Algérie s'était détournée de Falaise au bénéfice de Troyes. Actuellement, le Calvados approvisionne le bassin méditerranéen, voire l'Orient et l'Afrique Occidentale. La bonneterie bocaine, rompant avec ses traditions archaïques, ne craignait pas d'exposer à la Foire de Lyon. C'est un signe des temps. Il semble qu'on doive estimer à 20 ou 25 millions la production annuelle de cette fabrication, contre 4 millions il y a dix ans.

* * *

Nous ne saurions, à la vérité, clore cet ultime chapitre de l'industrie textile normande sans dire un mot de la dentellerie. Cette industrie de luxe fut autrefois l'un des fleurons du pays, et l'on n'a point perdu le souvenir des fameux « points » d'Alençon, d'Argentan et de Bayeux. Argentan groupait le plus grand nombre d'ouvrières, et le voyageur anglais Young conte qu'en 1788 les tissus livrés représentaient plus de 500.000 livres, somme énorme pour l'époque. Au XIXe siècle, malheureusement, la dentellerie fut anéantie. Elle n'aurait sans doute pas reconquis sa vitalité sans l'initiative d'un mécène industriel et des assemblées départementales et consulaires. Le point d'Argentan, perdu, fut retrouvé à propos, et des écoles créées à Caen, Bayeux, Argentan. Aussi comptait-on un millier d'ouvrières en dentelles à la veille du conflit.

Aujourd'hui, les centres de répartition du travail sont Caen, Bayeux, Argentan, Alençon, Villedieu. Mais on pratique la dentellerie à Avranches, Coutances, Mortain, dans la Manche ; Mortagne, Nocé, Bellême, Rémalard, dans l'Orne ; Honfleur, Cabourg et sur la côte de Luc à Bayeux, à Littry et tout autour de Caen jusqu'à Argences, Creully, Bretteville et même Aunay-sur-Odon, dans le Calvados.

Suivant les caprices de la mode, l'ouvrière se consacre soit à la dentelle, soit à la broderie, soit au filet. La guerre avait, toutefois, porté un coup terrible à la dentellerie normande. Il est à espérer que le goût du luxe, qui est la caractéristique de notre époque, favorisera son développement. Il est un patrimoine séculaire qu'il n'est pas permis de laisser effriter.

XII

L'Industrie choletaise

L'industrie de Cholet remonte à une époque imprécise, mais lointaine. Elle était déjà florissante au XIe siècle, notamment autour de Chemillé, de Jallais, de Cholet, et la Tessoualle, au nom évocateur, paraît avoir été un centre de tissage vers 1078. La fabrication de la toile prit un développement rapide au XVe siècle, mais sa prospérité s'affirma surtout au XVIIe. On avait attribué à Colbert fils l'essor de la toilerie angevine. En réalité, Cholet dut son épanouissement au marquis de Bron, son seigneur, qui en fit « l'une des villes les plus commerçantes du royaume ». On filait alors à la main les lins du Craonnais et de la vallée de la Loire, pour réaliser finalement, avec l'adjonction de coton, des toiles grises ou blanches et des mouchoirs.

La vente s'en était étendue au Limousin, au Poitou, à Bordeaux, puis à Paris, avant de se prolonger jusqu'aux colonies. En 1751, 1.793 métiers battaient dans le rayon, dont 481 à Cholet même. A la veille de la Révolution, qui suspendit la production, 12.000 métiers occupaient 40.000 ouvriers et élaboraient déjà pour 12 millions de tissus.

Après un court interrègne, le travail fut repris, sous le contrôle du Comité des onze appuyé par le Directoire. Au siècle suivant, l'industrie se modernisa du fait des progrès du machinisme. La filature mécanique fut instaurée vers 1810, et le tissage autour de 1865. Cependant le tissage à bras se perpétua à Chemillé, Saint-Léger, Bégrolles, Gesté, Saint-Laurent-sur-Sèvre, Romagne, les Epesses, Saint-Fulgent, Chauchés, Chavagnes, Mortagne, Beaupréau, c'est-à-dire à la fois sur les départements de Maine-et-Loire, des Deux-Sèvres et de la Vendée.

En 1870, on signalait encore 30.000 ouvriers à la main, travaillant en caves, et ravitaillés en trames et chanvres par la fabrique choletaise. Leur nombre devait s'effriter à 8.000 en 1903, 5.000 avant la guerre, 1.400 à 1.500 aujourd'hui.

Le développement récent d'une grande industrie de la chaussure a encore précipité le déclin après 1918.

Mais, en même temps, Cholet voyait s'installer de puissantes usines, pourvues d'un outillage sans cesse perfectionné. Le rayon comporte présentement deux filatures, l'une de coton avec 6.000 broches, l'autre de lin, nouvellement aménagée par une firme du Nord (4.000 broches).

23 tissages mécaniques ont été créés, dont 11 à Cholet et 12 dans la région. Ils groupent environ 3.200 métiers. Toutefois, on mentionne encore 24 maisons — dont 17 pour Cholet — fabriquant à la main. En outre, un tissage de fil est établi dans le val de Sèvre. Joignons-y une manufacture de tapis de jute.

Le développement du tissage a, d'ailleurs,provoqué l'équipement d'industries annexes. Un certain nombre de tisseurs ont leur ateliers de blanchiment à Cholet, à Mortagne, à Saint-Laurent, à la Tessoualle ; des blanchisseurs à façon opèrent, de leur côté, à Cholet et Saint-Bonnet. On compte, en tout, 9 blanchisseries, dont 5 à Cholet. Cette industrie a fait de remarquables progrès, et a permis d'imaginer une spécialité de toiles, dites grand blanc, susceptibles de rivaliser avec les meilleurs produits d'Irlande.

La teinturerie — 9 maisons — est aussi active à Cholet et Mortagne. Plusieurs maisons procèdent au blanchiment des fils.

Enfin, au rayon on rattache la filature et le tissage de coton du Longeron, récemment repris et étendus par un industriel des Flandres.

Cholet a beaucoup souffert, au moment de l'évolution de la consommation, qui abandonna le tissu fin pour l'article bon marché, de la concurrence de l'Irlande, des Vosges et du Cambrésis, de l'éloignement du marché de la matière première, enfin de la pénurie d'apprentis. Cependant la vitalité de la fabrique a pu être maintenue, et même élargie par l'intensification de la confection à domicile et à l'atelier. Actuellement, 25 maisons — dont 17 en ville — exécutent mouchoirs, draps, taies d'oreillers, lingerie de dames. Des dessins à jour et broderies réputées ornent les tissus de Cholet destinés en partie à l'exportation.

Il est difficile d'évaluer précisément la production du rayon. Avec la confection, elle excède, toutefois, 150 millions par an. L'Algérie, la Tunisie, l'Orient, l'Amérique du Sud figurent parmi ses meilleurs clients.

Tout naturellement, les salaires ont progressé considérablement. De 1903 à 1913, ils étaient passés de 2-3 francs à 3-4 francs pour les tisseurs, de 2,30 à 3,25 pour les femmes, de 1,50 à 2-2,75 pour les enfants. Depuis lors, ils ont été relevés, dans l'ensemble, de 300 à 400 %.

Cholet conserve, malgré tout, sa prospérité d'antan. Son industrie est de celles qui ne sauraient mentir à leur glorieux passé.

XIII

L'Industrie lainière du Centre-Ouest et le Drap militaire

L'industrie lainière n'est pas pratiquée exclusivement dans des centres de premier plan, comme Roubaix, Reims, Elbeuf, Vienne, Sedan ou Castres. Elle s'est, en outre, développée, par suite de circonstances diverses, dans des régions assez éloignées, à l'état sporadique. Dans bien des cas, la fabrication mécanique des tissus n'a fait que perpétuer l'ancien tissage à la main, favorisé à l'origine par l'élevage du mouton dans les campagnes voisines. C'est d'ailleurs l'évolution qu'on observe tant à Lodève que dans le Tarn.

L'industrie drapière de l'Aveyron s'est maintenue et affirmée dans les mêmes conditions. Les Causses sont particulièrement propices à l'alimentation des bovins. Aussi, dès l'époque médiévale utilisait-on sur place les fils recueillis. Les tissus élaborés étaient aussi prisés que ceux de l'Aube et s'exportaient même en Italie et dans le Levant. Colbert réglementa la fabrication devenue incertaine. L'industrie accusa une réelle prospérité au XVIIIe siècle. Elle devait, au XIXe, subir une importante transformation, en se concentrant. De nombreuses usines disparurent ; on n'en compte plus, aujourd'hui, qu'une petite demi-douzaine à Camarès,

Saint-Affrique, Salles-la-Source et Saint-Geniez-d'Olt. Tous ces établissements exécutent l'intégralité des opérations ; ils lavent les laines locales, les filent, après teinture, et les tissent.

Les laines de Rodez et de Millau, mi-fines, sont toutes désignées pour la préparation des draps militaires et d'administration, principal débouché de la production rouergate. Au contraire, on emploie les produits fins du rayon de Saint-Affrique pour la réalisation de molletons, couvertures et tissus nouveautés, qu'on a remarqués à l'exposition de Rodez en 1922, et à celle de Millau l'an dernier. L'Aveyron doit livrer environ 1 million de kilos de draps.

L'approvisionnement de l'armée constitue, également, l'objet essentiel de la fabrique de Châteauroux, beaucoup moins ancienne que celle de l'Aveyron ; cependant au XVIIIe siècle, la manufacture du Parc présentait une grande vitalité. Argenton, la Châtre, Aigurande, Neuvy-St-Sépulcre fournissaient aussi des étoffes communes.

Présentement, la fabrication est centralisée à Châteauroux. Deux établissements y groupent, au total, 30.500 broches de cardés.

Les fils sont mis en œuvre dans des ateliers conjugués, à l'aide de 712 métiers. Pendant la guerre, la draperie de Châteauroux a connu une ère de prospérité remarquable, comme, d'ailleurs, la draperie proche de Romorantin et d'Orléans (6 usines). Romorantin peigne, en outre, la laine.

Toutefois, ces productions sont sans contact. Il en va différemment de l'industrie lainière de la Haute-Vienne, dont l'origine se perd dans la nuit des temps. La filature à la main fut de bonne heure pratiquée sur une assez grande échelle. Elle est actuellement, modernisée. Les filatures de Limoges et Panazol comptent 9.700 broches de cardé. L'effilochage est, d'autre part, effectué par trois maisons de Limoges, Géry et Condat. Onze ateliers au moins procèdent au tissage, soit à Limoges, soit sur les bords de la Vienne. Néanmoins, le nombre des métiers n'excède pas 160 au total. La draperie limousine relève donc plutôt de la moyenne industrie. Pourtant, elle est parvenue à livrer à l'intendance 1.200.000 mètres par an, au cours des hostilités. Limoges exécute à la fois le drap d'armée et le tissu pour hommes et dames. 650 ouvriers sont au service de cette industrie.

L'industrie lainière fut, jadis, en honneur, dans beaucoup d'autres régions de l'Ouest, particulièrement en Bretagne : Vannes, Questembert, Malestroit dans le Morbihan, Saint-Brieuc, Fougères et Antrain, dans l'Ille-et-Vilaine, et en Vendée, où les ateliers de Mallièvre, Cugand, Loge-Fougereux, la Châtaigneraie, Luçon, Mortagne, la Tardière comportaient encore, il y a un demi-siècle, 9.000 broches et 300 métiers. La Charente travaillait, de son côté, activement la laine. Les fabrications ont peu à peu disparu, avec la substitution de la machine à l'homme, et sous la pression des concurrences de rayons plus modernes. Il importe, cependant, de remarquer que la diffusion de l'électricité tend à favoriser la renaissance d'ancienne fabrications, et la résurrection de l'artisanat. La réouverture d'ateliers familiaux de façonnage dans les zones où naguère le tissage était pratiqué, est envisagée comme un moyen de retenir l'ouvrier à la campagne. Le tissage à domicile permettrait aussi de procurer au prolétaire le sursalaire aujourd'hui nécessaire. Il ne serait donc pas invraisemblable que l'industrie textile, celle du drap surtout, retrouvât ses habitats d'antan, en dehors des agglomérations encombrées. C'est là une perspective sur laquelle nous ne saurions trop attirer l'attention.

XIV

La Soierie artificielle et son Avenir

Comme beaucoup d'autres fabrications chimiques, l'industrie des textiles artificiels a des origines foncièrement françaises. C'est à notre compatriote Chardonnet que le monde doit un textile synthétique qui tend à prendre une place dans l'économie humaine, voisine de celle qu'occupait le coton dans le passé. La préparation de la soie artificielle fut instaurée, il y a plus de trente ans, à Besançon (1890), par Chardonnet, qui filait de la nitrocellulose. Des nouvelles méthodes furent mises en œuvre, méthode au cuivre ammonical à Givet, Izieux, méthode de la viscose, ou théocarbonate de cellulose, à Arques, Vals. Mais la France était immédiatement concurrencée par l'Angleterre, qui adoptait la formule cuprique à Flint, Coventry et Yarmouth, l'Allemagne, qui jouait des divers procédés à Francfort, Boblingen, Oberbruck, Stettin, l'Autriche à Saint-Potten et Schwarwars, la Belgique à Tubize, Arlon, Aal, la Suisse à Sprinenbach, l'Alsace à Mulhouse.

Déjà avant la guerre, la production avait progressé avec rapidité, passant de 3.000 tonnes en 1904 à 5.000 en 1910 et 10.000 en 1913. La France contribuait à cette fabrication dans une large mesure, avec 1.000 tonnes en 1904, 1.700 en 1910, 2.000 en 1913. L'Angleterre livrait, à elle seule, la moitié du tonnage.

Au cours de la guerre, les usines prêtèrent leur collaboration à la défense ; cependant l'exportation fut poursuivie. Elle atteignit en 1915 12 millions et demi de fils et tissus.

L'armistice trouva le matériel surmené, tandis que la main-d'œuvre s'était raréfiée. En outre, deux usines, Givet et Fresnoy (Aisne) avaient été ruinées. Mais, simultanément, la demande s'intensifiait. Le public avait compris tout le parti qu'il pouvait tirer du nouveau produit, et la possibilité de le substituer à la soie naturelle, conception qui n'avait pas été entrevue même par les premiers industriels. En outre, des progrès techniques considérables avaient été réalisés. Aussi les installations furent-elles étendues. L'usine de Givet (Viscose) fut reconstituée ; aux lieu et place de l'usine du Fresnoy un vaste établissement fut aménagé à Gauchy, près de Saint-Quentin, par la Société de la Viscose, qui a même projeté l'édification d'une manufacture supplémentaire à Saint-Aubin-lez-Elbeuf. Les usines d'Arques (Viscose), de Vals (Ardéchoise de la Viscose), d'Izieux (Soie artificielle d'Izieux), de la Voulte (Société de la Voulte), de Besançon (Soie de Besançon), de Beauvais (Société des crins artificiels) furent modernisées, et la Société Italienne — qui n'a d'italien que le nom — de la Viscose, vient d'achever un atelier de préparation à Albi.

Notre capacité d'élaboration doit, sous peu, atteindre 9.000 tonnes, ou la production mondiale de 1913.

Ces initiatives sont amplement justifiées en raison des avantages qu'offre la soie artificielle, 4 à 5 fois moins chère que la soie naturelle, plus brillante que sa rivale, donnant des tissus lavables, plus résistants que ceux obtenus avec les fils de cocons, parce que le prix de la soie naturelle oblige à ne pas l'employer pure et à la « charger » de sels de zinc. L'industrie de la soierie peut aussi incriminer l'instabilité des cours de la soie. Les textiles artificiels ne présentent pas cet inconvénient, et le tonnage offert n'est limité que par les puissances des usines de production. Conséquemment, la capacité mondiale des fabriques a progressé, en 1922, de plus de 50.000 tonnes, alors qu'on ne dispose que de 30.000 tonnes de soie animale. Et nous ne sommes qu'à l'aurore de cette fabrication !

L'industrie française, se trouve, cependant, entravée et handicapée par un certain nombre de sujétions, les unes d'ordre général, comme la pénurie de bras, à laquelle il siérait de remédier par des immigrations méthodiques ou l'élévation des salaires ; les autres d'ordre administratif. Nos usiniers rencontrent, par exemple, de sérieuses difficultés, de la part des préfets ou municipalités, pour installer des ateliers pouvant livrer 1.500 à 2.000 kilos par jour, alors qu'en Angleterre les établissements peuvent élaborer 8 et 10.000 kilos. D'où nécessité de multiplier les usines, et dispersion des efforts.

L'industrie de la soie artificielle se plaint également, et avec raison, des fantaisies de la douane, qui, après avoir ramené de 4,5 à 2,5 le coefficient sur les produits fabriqués provenant de l'étranger — ce qui a ouvert à la légère notre marché — a jugé bon de relever les coefficients relatifs aux matières premières utilisées par les fabriques, déséquilibrant bénévolement les prix.

La soie artificielle peut lutter contre les pays à change élevé (Etats-Unis, Angleterre), mais des abattements des taxes d'entrée pour les produits autrichiens et tchéco-slovaques, Etats où la préparation de la viscose s'est développée, pourraient lui causer un dommage grave.

Enfin, les industriels estiment qu'on ne saurait tolérer la réalisation du dispositif allemand tendant à surtaxer les sulfures de carbone à destination de la France. Il en résulterait une augmentation de dépense de 30 %.

Si des fautes ne sont pas commises, l'industrie des textiles chimiques, qui a conquis le marché stéphanois (en 1922, 55 % de la soie employée en rubannerie était artificielle), aura tôt fait de compter parmi les fabrications magistrales du pays.

La viscose peut être préparée en pellicules au lieu de l'être en fils. Ainsi est né récemment un nouveau produit, la cellophane, susceptible de se substituer au mica, en particulier dans l'automobile, au papier d'emballage dans certains cas, et sans doute au celluloïd pour la confection des bandes cinématographiques. Cette industrie paraît appelée à de brillants destins, et l'on ne saurait dire jusqu'où nous mènera la découverte initiale de Chardonnet.

XV

L'Amiante

L'industrie de l'amiante est fort peu connue du public, et mérite, cependant, d'attirer l'attention, en raison des développements qu'elle serait susceptible de réaliser. Les textiles dont nous avons eu jusqu'ici l'occasion de parler relèvent du règne végétal. Au contraire, par un caprice de la nature, l'amiante appartient au monde minéral. C'est tantôt un silicate de chaux et magnésie, tantôt un silicate de fer. Dans le premier cas, il est blanc, dans le second plutôt bleu et de moindre qualité quant à la souplesse de ses fibres. Le Canada est le principal producteur d'amiante blanc. On rencontre le silicate en abondance dans la province de Québec, l'Oural russe, la Rhodésie (amiante bleu). Chypre, la Californie, recèlent également la matière première. Il existe aussi des dépôts inexploités, mais utilisables, en Sibérie et en Chine. Par contre, les lambeaux reconnus dans les Pyrénées, en

Corse et ailleurs en Europe, même ceux du Piémont, peuvent être considérés comme sans valeur. Les fibres européennes cassent comme du verre filé, ou se réduisent en poussière comme le talc, d'une origine analogue.

La France, comme l'Allemagne, se trouve de ce fait sous la tutelle absolue de l'Angleterre, surtout depuis la cessation du travail dans les gîtes russes, qui fournissaient 20.000 tonnes avant la guerre.

Les emplois de l'amiante sont nombreux et chaque jour plus étendus, en raison de son infusibilité. Les fils tissés servent à préparer des étoffes (fils longs) ignifuges, des filtres à acides, des poignées de fer à repasser, des courroies, des plaques de fond pour fourneaux à gaz, etc., parfois on les allie au caoutchouc, pour obtenir un isolant parfait ; la mécanique a généralisé l'usage de l'amiante pour les joints de machines et l'isolement des tuyaux à vapeur. D'autre part, l'amiante est recherché pour l'élaboration de cartons, pour la peinture à l'état de poudre et pour la construction (fibro-ciment et ardoises artificielles).

Dans ces conditions on ne saurait être surpris de voir le Canada livrer plus de 150.000 tonnes de matière première brute au lieu de 110.000 en 1912.

En France, l'industrie de l'amiante fut inaugurée à Elbeuf vers 1880.

Celle des ciments et ardoises silicatés ne date que de ces dernières années. Une douzaine d'établissements se partagent les diverses fabrications, Flers (Société Française de l'Amiante), Laval (Compagnie de l'Amiante du Cap), Elbeuf (Etablissements Hamelle-Vivien), Condé-sur-Noireau (Auger-Barbe et Cie), et Clermont-Ferrand (Société la Française), préparent des fils et des tissus. Le cartonnage est non seulement l'apanage de ces entreprises, mais aussi d'usines de la Côte-d'Or (Brétigny et Saint-Sivre-l'Abbaye) et d'Avallon.

Les joints s'exécutent surtout à Clermont et Bezons. Enfin l'ardoise artificielle et le fibro-ciment sont mis en œuvre à Poissy (le Fibrociment), Bordeaux-Bassens (la Lévrite), Desvres (ciments et ardoises artificiels) et Prouvy (Nord).

En France, les emplois de l'amiante sont demeurés strictement industriels, ce qui limite forcément le rayon d'action des producteurs. Aux Etats-Unis, en Allemagne, au contraire, l'amiante est entré dans le domaine public. La consommation nationale de ces deux derniers pays est donc singulièrement plus élevée que la nôtre. Parallèlement, la fabrication est considérablement plus étendue à l'étranger. On compte une soixantaine d'usines en Allemagne et en Autriche, au moins 20 aux Etats-Unis. La concurrence allemande ne joue plus guère sur le marché, mais celle de l'Angleterre et de l'Amérique est fort active en matière de tissus.

Notre industrie témoigne d'une vitalité sinon exceptionnelle du moins constante — même en 1920 — du fait de son orientation et de son expérience. Toutefois, elle se heurte, dans son expansion, à certaines sujétions: sa dépendance vis-à-vis des Anglais, maîtres du minéral, l'obligation d'acheter son matériel à l'étranger, le haut prix de la matière à traiter — les amiantes de grande qualité, nécessaires à la filature, ont coté jusqu'à 55.000 francs la tonne (aujourd'hui 26.000). Nos producteurs se sont donc ingéniés à chercher des dépôts qui leur soient propres. Contrairement à toute attente, les prospections faites à Madagascar n'ont encore rien donné. On ne désespère pourtant pas d'obtenir de meilleurs résultats en Indo-Chine.

En même temps qu'elle tente de se libérer pour le minerai, l'industrie française de l'amiante s'évertue à créer de nouvelles utilisations des fibres. Il semble, en particulier, qu'elle soit sur le point d'imaginer un tissu à l'abri de tout risque d'inflammation et soustrait à l'action de l'eau à la fois pour l'aviation et le bâchage, ce qui constituerait un progrès remarquable.

Présentement on peut évaluer à 1.200 tonnes la production des tissus, à 700-800 celle des joints, à 3.000 celle du carton. La presque intégralité des livraisons est réservée à notre pays. L'exportation est réduite, à l'encontre de ce qu'on observe en Allemagne et en Angleterre. Il en sera ainsi tant que nous serons tributaires du dehors pour le produit initial.

SIXIÈME PARTIE

Considérations Générales et Conclusions

1

Matières premières

L'industrie textile française, dont nous avons étudié l'activité se heurte à un obstacle particulièrement grave: la nécessité d'importer du dehors la plus grande partie des matières qu'elle transforme. C'est ainsi qu'elle doit acheter dans l'Inde la totalité de ses jutes, en Russie les trois quarts de ses lins, à l'étranger tout le coton qui lui est indispensable, et pour la laine ou la soie, plus de la moitié des produits bruts.

Cette circonstance pèse doublement sur la vitalité des fabrications textiles : d'une part les filateurs n'ont pas la sécurité absolue de leurs approvisionnements — on l'a constaté en particulier pour le lin, à la suite de la révolution russe —; tandis que, d'autre côté, l'instabilité des changes, comme c'est le cas depuis l'armistice, contribue à réduire les achats, les producteurs de fils étant dans l'incertitude perpétuelle des cours du lendemain. Avant la guerre, il faut l'observer, les fluctuations des changes étaient trop faibles pour influencer la production. Il en résulte qu'à l'heure actuelle l'industrie textile de base est souvent contrainte de « spéculer ». Comprenons bien que ce mot ne saurait être entendu dans le sens péjoratif d'accaparement. Les matières premières employées coûtent trop cher pour qu'une opération de ce genre soit réalisable. Des capitaux énormes n'y suffiraient pas.

L'intérêt suprême des industriels étant de comprimer autant que possible leurs prix de revient, non seulement en vue du marché intérieur mais aussi pour la conquête des débouchés extérieurs, nos cotonniers et nos lainiers ont donc été naturellement amenés à envisager la fourniture des matières premières par les nationaux.

La métropole ne saurait livrer du coton brut. Par contre, tout incite à admettre la possibilité de recueillir le précieux duvet dans certaines de nos colonies. Rappelons, à cet égard, que l'Algérie-Tunisie pratiqua sur une large échelle la culture du coton du Xe au XVIIe siècle. Les poètes ont célébré les « champs d'argent du Hodna ».

Une tentative de restauration de cette culture fut entreprise après l'occupation de l'Algérie, mais elle fut poursuivie sans méthode, et dut être abandonnée, à l'issue de la guerre de Sécession.

De timides essais de rénovation furent effectués en 1895. Mais la réadaptation ne fut réellement entreprise qu'après 1904, sous l'impulsion de l'Association cotonnière coloniale. L'expérience a prouvé que climat et sol étaient favorables à l'extension des plantations, mais qu'il convenait de limiter les ensemencements à la région irriguée comprise entre l'Atlas et la mer. Le Congrès d'Orléansville de 1911 a estimé que les produits pouvaient rivaliser avec ceux de l'Egypte.

Cependant, la production de l'Afrique du Nord est demeurée médiocre au regard des possibilités.

Le coton est également acclimatable en Indo-Chine, et particulièrement au Cambodge. La British Cotton Growing Association déclarait, le 5 décembre 1911, qu'elle achèterait volontiers 500.000 balles de cette marchandise, qui rappelle celle du sud de l'Inde.

Pourtant la culture du coton n'occupait avant la guerre que 5.000 hectares environ sur les rives du Mékong (province de Kompong-Chan) et dans le nord Annam (Thang-Hoa) — 6.750 en 1922 — et l'exportation de coton égrené n'excédait pas 5.586 tonnes en 1913, absorbées surtout par le Japon, et un peu par des filatures locales. Le seul Annam a donné 800 tonnes de plus en 1922, mises en œuvre par la Société de Nam-Dinh. Le dévelopement de la culture cam-

13

bodgienne et annamite — le sud Annam a été reconnu propre à ce travail — est malheureusement entravé par le manque de main-d'œuvre.

A notre époque, il a semblé, d'ailleurs, que l'effort d'ensemencement devrait surtout porter sur l'Afrique Occidentale, et spécialement sur le bassin du Niger. La culture a été ainsi intronisée au Soudan, dans le Haut-Sénégal, dans la Nigéria (Compagnie de Culture cotonnière du Niger), au Dahomey, au Togo, en Guinée. On évalue à 1.500 tonnes la production en 1923 des Soudan et Niger, à 400 l'exportation en fibres du Dahomey, à 700 la récolte du Togo, La Côte d'Ivoire et la Guinée réservent encore leur duvet à la population indigène.

Si l'on veut bien considérer que l'Indo-Chine et l'Algérie continuent de participer à la production, que la Nouvelle-Calédonie et les Nouvelles-Hébrides exportent normalement 5 à 600 tonnes par an, que la culture a été entreprise à Madagascar, on ne sera pas surpris que nos colonies fournissent actuellement 20.000 tonnes de cotons bruts, chiffre qui pourrait être triplé dans quelques années. L'Association cotonnière coloniale peut et doit aider à ce résultat. Les membres du Syndicat général cotonnier, dans ce but, ont décidé d'accorder à l'Association un franc par balle consommée par eux, et l'Etat, de son côté, lui a promis une subvention sur les fonds du Consortium du coton.

L'extension de la culture du coton dans nos possessions d'outre-mer exigera un certain temps. Or, la situation ne manque pas d'être inquiétante. L'industrie cotonnière américaine a augmenté son outillage de plus de 50 %, en même temps que les rendements de la récolte régressaient de 30 %. Il y a donc lieu d'appréhender quelque jour des restrictions d'exportation du coton brut par le gouvernement des Etats-Unis.

Par bonheur, le Brésil s'est mis à faire du coton. Le Syndicat général cotonnier n'a pas hésité à encourager la place du Havre à créer un marché du coton brésilien. Il sied de mentionner que Le Havre a été doté en 1922 d'une Société Centrale de réception des cotons, constituée en vue de limiter certains abus, et en particulier de réduire les prélèvements pratiqués, et onéreux pour la filature.

Dans le domaine de la laine, des efforts parallèles ont été réalisés dans le même esprit. On s'est demandé s'il ne serait pas possible d'accroître les livraisons nationales. Si l'on peut espérer reconstituer le cheptel ovin, fortement amoindri depuis 1914, il apparaît bien difficile de fonder de grands espoirs sur la tonte française. D'une part, la raréfaction des bergers est indéniable, et il est malaisé de perpétuer une profession de ce genre, avec la mentalité moderne. D'autre côté l'agriculture est incitée à intensifier les travaux du sol. Elle tend à se détourner de l'élevage du mouton. Enfin, les porte-laine français donnent des produits ne répondant pas à tous les besoins, et qui ne sauraient, en aucune façon, remplacer les toisons d'Australie, du Cap et de l'Argentine.

Ces considérations ne doivent pas, néanmoins, nous détourner d'accroître nos propres ressources par une organisation rationnelle de nos richesses coloniales.

Nous avons touché un mot antérieurement de l'initiative de la Chambre de Commerce de Tourcoing, relativement à l'acclimation d'ovins à Madagascar et au Soudan. La Chambre de Mazamet a adhéré à cette conception. A la fin de décembre 1923, 776.000 francs avaient été mis à la disposition des promoteurs, et 554.000 dépensés.

Les premières opérations, pratiquées à Madagascar, ont été concluantes, d'après l'affirmation même du gouverneur actuel. 150 mérinos furent introduits dans notre colonie africaine. Malgré l'absence de pasteurs professionnels, la tentative a si bien réussi qu'on prépare l'envoi de gros contingents de moutons du Cap.

Au Soudan, l'initiative est trop récente pour qu'il soit encore permis de formuler un avis décisif (1).

Mais, sur le terrain lainier, on ne saurait uniquement considérer la production des toisons. Le problème commercial doit entrer en ligne de compte. On a parfois reproché à nos filateurs l'exagération du prix de la laine brute, comparativement au coût de la même matière en Allemagne, également importatrice. On a incriminé la défectuosité de nos métho-

(1) L'Algérie a envoyé en 1922, 5 700 tonnes de laines, la Tunisie 650, le Maroc en 1920, 1.500 tonnes.

des d'achat, et l'impuissance où nous nous trouvons, du fait d'un soi-disant défaut d'organisation. Il est vrai que l'Allemagne, plus collectiviste, a su créer des coopératives d'achat, non seulement dans le domaine textile, mais dans l'industrie chimique ou métallurgique.

En France, on a mis plus de timidité à entrer dans cette voie. Cependant, déjà, des groupements d'entreprises ont orienté leur initiative dans ce sens. Il reste à coordonner ces tentatives. Le rééquilibre de l'argent facilitera sans doute cette évolution, quoiqu'il ne faille pas se dissimuler que la question soit assez délicate, du fait de la grande diversité de l'emploi des laines, et d'autres considérations.

Il est beaucoup plus difficile qu'on ne le croit de modifier les habitudes commerciales acquises. La résistance apportée à l'installation à Dunkerque, port d'accession des laines pour le Nord, d'un marché lainier, témoigne de cette vérité d'expérience.

Nous ne saurions prolonger ces remarques relatives aux matières brutes. Cependant, nous devons observer que les intéressés ont, de plus en plus, tendu à favoriser la culture du lin, du chanvre et de la soie. Le Comité linier s'ingénie à développer l'ensemencement du lin en faisant baisser le prix des filasses par l'amélioration du teillage. La première préoccupation de la Fédération de la soie fut de régénérer la sériciculture rhodanienne. Le Parlement lui-même a donné son adhésion à ce programme, en encourageant la production du lin.

A une heure où l'on adresse tant de reproches, souvent mal fondés, à l'industrie nationale, il importait de consigner la politique rationnelle engagée par les dirigeants des textiles pour soustraire, dans la mesure du possible, notre fabrication à la tutelle de l'étranger en matière de produits de base.

II

Outillage et Main-d'œuvre

Dans son ensemble, l'outillage de l'industrie textile française répond aux perfectionnements contemporains. D'une part, en effet, les régions occupés ont été dotées d'un matériel plus nouveau, et le développement de la production, pendant la guerre, n'a pu être obtenu, à l'intérieur, que par l'emploi de machines du dernier modèle. D'ailleurs, l'industrie textile a toujours dû suivre le progrès sous peine de déchéance.

D'un autre côté, alors que nous devions jadis acheter à l'étranger la quasi-totalité de nos appareils, la construction des métiers et broches a été entreprise avec succès sur notre territoire, avec l'appoint précieux de l'Alsace-Lorraine, qui possédait, à Mulhouse et dans son rayon, d'importants ateliers.

Néanmoins, nous avons dû recourir, pour la restauration du Nord, à un large concours de l'Angleterre.

Quoi qu'il en soit, on peut, pour fixer une idée, estimer l'outillage cotonnier français de 1923 à plus de 9.600.000 broches de filature, dont 20 % travaillant le jumel, 1.225.000 broches à retordre, et 200.000 métiers, dont 28.000 à bras. En 1912, nous ne comptions que 7.400.000 broches, et 115.000 métiers. En outre, la reprise de l'Alsace a porté à 268 le nombre des machines à imprimer, pour 120 en 1914 Près de 200.000 ouvriers sont au service de cette fabrication, sur 2.800.000 occupés dans le monde, d'après la statistique internationale de 1922. Pour les broches, la France a conquis, en dix ans, la troisième place, au lieu de la quatrième, avec 5 % du matériel universel, tandis qu'en ce qui concerne les métiers nous disposons de 7 %.Angleterre 4 %.

Dans le domaine lainier, au début de 1923, nous enregistrions 2.290.000 broches de peigné et 680.000 de cardé (2 millions 680.000 en 1913), plus 2.000 peigneuses et 57.000 métiers mécaniques et 10.000 environ à bras. De son côté, la soie employait 400.000 fuseaux, 11.200 bassines, 82.000 métiers mécaniques et 36.000 métiers à bras, le lin 325.000 broches, le jute 170.000 broches, l'industrie chanvrière et linière 32.000 métiers, dont 12.000 à bras, et le jute 4.000 métiers.

Ces statistiques du matériel n'ont, d'ailleurs, qu'un caractère d'approximation, certains relevés n'ayant pu être précisément effectués.

Il n'en demeure pas moins qu'à ce point de vue l'industrie nationale n'est précédée, dans son ensemble, que par celles des Etats-Unis et de la Grande-Bretagne, et ceci montre péremptoirement le rôle capital joué par les textiles dans l'économie du pays.

* * *

Parmi les écueils que l'industrie textile doit surmonter, celui de la main-d'œuvre n'est pas l'un des moins angoissants. Avant la guerre, elle occupait 364.698 hommes et 477.467 femmes, soit, au total, 842.165 salariés. Pour produire le même tonnage, en admettant l'identité du rendement, il faudrait, aujourd'hui, 1.100.000 ouvriers et ouvrières, en vertu de la loi des huit heures.

Or, comme toute fabrication, le textile se heurte à la diminution — consécutive à la guerre — des bras disponibles. Le recrutement, jusqu'ici, n'a pas été, dans bien des cas, insuffisant, parce que la production n'a pas atteint les limites de capacité du matériel. Toutefois, si nous devions mettre en œuvre l'intégralité des appareils, le personnel utilisable n'y pourrait suffire. Les faits prouvent que, si la main-d'œuvre n'avait pas fait défaut, la production aurait pu être intensifiée depuis deux ans, la baisse du change nous ouvrant des débouchés inattendus.

La pénurie de bras, et la conception, toute nouvelle, que le salaire doit correspondre au niveau des prix de l'existence, ont naturellement entraîné des hausses considérables des rémunérations. Alors que, de 1903 à 1913, on pouvait juger excessif un relèvement de 15 ou 20 %, la moyenne des augmentations a excédé 300 %, pour atteindre parfois 6 à 700 %, avec l'indemnité de vie chère et les primes familiales. Des industries riches peuvent consentir de pareils sacrifices, mais leur généralisation risquerait de nous fermer des marchés précieux. C'est ainsi que, dans certaines régions, des mouvements sociaux, en vue de l'uniformisation nationale des salaires, ont été condamnés à l'insuccès.

Les intéressés producteurs, devant la disette des effectifs, ont dû envisager des appels à l'étranger. Le Comité de la laine a encouragé, parmi ses adhérents, le recrutement d'ouvriers polonais, à l'imitation de ce qui se pratique dans les charbonnages du Nord. Il est trop tôt pour juger des résultats d'une telle politique, imposée par les circonstances. Mais, sur ce terrain encore, l'industrie textile rencontre une difficulté : la crise du logement. On a construit, à la vérité, des habitations ouvrières, mais les hauts prix du bâtiment limitent les possibilités.

Dans ces conditions, l'industrie textile pourra être conduite à décentraliser ses travaux, dans la mesure du possible, le jour où l'électrification rurale lui permettra de placer des métiers à domicile, comme la passementerie de Saint-Etienne l'a si heureusement réalisé dans la Loire et la Haute-Loire. Une évolution de ce genre ne saurait surprendre à notre époque.

III

L'Organisation de la Vente au Dehors

On l'a bien souvent dit : il ne suffit pas de produire; il faut vendre. Nous n'entreprendrons pas, dans une étude essentiellement objective, de discuter de l'avantage ou des inconvénients qui peuvent résulter d'un régime protectionniste ou libre-échangiste. Il sied, cependant, de considérer que les tissus sont soumis à une concurrence effrénée du dehors, sans que le consommateur bénéficie effectivement d'une telle rivalité. Il faut, également, tenir compte de la surproduction provenant de la reprise de l'Alsace-Lorraine ; celle-ci alimentait surtout l'Allemagne, et la franchise douanière — imposée par le traité de Versailles, mais dont les effets ne sont prévus que jusqu'en 1925 — a seule permis aux provinces rédimées de ne pas peser sur le marché français en poursuivant leurs exportations. Il est donc bien naturel que les producteurs soient particulièrement préoccupés des législations douanières.

Toutefois, ce point de vue ne saurait faire oublier que la France doit envisager d'approvisionner nos colonies et l'étranger, pour porter au maximum sa fabrication. Une véritable politique commerciale nous a fait défaut dans le passé. L'industrie textile a, certes, — nous l'avons vu au cours de cette enquête, — largement étendu ses débouchés ; mais l'opération a toujours présenté un caractère individuel. Les nécessités de l'heure nous contraignent à substituer à ce particularisme des efforts collectifs, seuls souverainement efficaces.

Tout d'abord, nous nous sommes laissés distancer par des concurrents parce que nous ignorions les goûts d'autrui et prétendions imposer nos propres appréciations. Il importait de remédier à cette erreur de jugement par une connaissance approfondie des desiderata de la clientèle. Les industriels de Roubaix-Tourcoing, ceux de Rouen, ont entrepris de combler la lacune par la création de bourses de séjour au dehors, dont nous avons exposé les modalités. D'ici quelques années, la France possèdera une équipe d'observateurs susceptibles d'orienter utilement ses fabrications.

Mais il fallait aller plus loin, ne pas se contenter d'agents indigènes, trop souvent à la solde de la concurrence, et qui desservaient plutôt nos intérêts. L'institution de Comptoirs, pourvus de moyens d'action, est apparue indispensable, pour éviter les périls de la surproduction.

Le vieux Comptoir cotonnier ne pouvait plus répondre aux besoins du présent. Il fallait constituer un organe agrégeant toutes les fabrications, de l'importateur des matières premières à l'exportateur final. Après de longues préparations, une formule définitive a été adoptée en mars 1924. Le Comptoir, qui a réuni 154 industriels et qui est largement ouvert, est, en réalité une coopérative, sous forme de société anonyme. Son capital propre de 10 millions a été renforcé grâce à un prêt de 5 millions pris sur les fonds libres du

Consortium cotonnier. Les adhérents s'engagent à lui livrer un quantum de leur production.

Laissant à chacun son initiative, le Comptoir tendra à s'ouvrir des marchés nouveaux. Dans cet esprit, il s'est interdit d'opérer en Algérie-Tunisie et dans les colonies protégées par le tarif métropolitain. Il comportera, de plus, des agences dans les centres de production, pour faciliter la répartition des ordres aux actionnaires.

Cette mesure est d'autant plus digne d'attention que la surproduction des tissages par rapport à la consommation intérieure dépasse 30 %, et qu'en 1925 elle pourrait voisiner 45 %.

Pour la laine, il n'existe pas d'organisation similaire, et cela s'explique par la variété des produits élaborés. Néanmoins, l'Union des filateurs de laine peignée et l'Association des fabricants de tissus ont déjà rendu pour la vente des services intéressants à la collectivité.

Les statuts organiques de la Fédération de la soie ont prévu, de leur côté, l'étude des moyens propres à favoriser l'exportation. Mais le groupement est trop récent pour avoir pu encore réaliser un programme d'exécution.

Il en va tout autrement de l'industrie de la toile, qui a organisé un comptoir dont nous avons eu l'occasion de nous occuper en enquêtant sur les fabrications linières. Comme le Comptoir cotonnier, l'Union des fabricants de toile du Nord a pris la physionomie d'une société anonyme par actions (1920). L'organisme comporte des agences de vente directe, on utilise des démarcheurs opérant sur collections.

Les résultats acquis par la métallurgie avec des groupements analogues, comme Longovica, laissent supposer que les comptoirs textiles rempliront pleinement leur office, à la condition de faire les sacrifices de propagande susceptibles de contrebalancer ceux de l'étranger. Malgré la qualité de nos produits, leur vogue auprès du consommateur sera fonction d'une publicité rationnelle. On ne lutte avec succès qu'avec les armes de la concurrence.

IV

L'Organisation générale de l'Industrie textile

On a bien souvent reproché à l'industrie française son défaut d'organisation.

Avec quelque raison on a incriminé l'individualisme farouche qui présidait à ses destins, cependant qu'un collectivisme méthodique assurait le développement économique de l'Allemagne. Il faut, toutefois, reconnaître que, depuis la guerre, un esprit nouveau a revivifié les associations patronales. Instruits par l'expérience, les industriels ont coordonné leur action. L'industrie textile a, plus que toute autre, peut-être, participé à cette évolution.

Elle avait, d'ailleurs, avec son sens aigu des nécessités du lendemain, agrégé, dès 1901, ses quatre-vingts chambres syndicales en une Union qui, sous l'énergique impulsion de M. Carmichael, a témoigné d'une activité comparable à celle du Comité des forges. L'Union englobe autour de 3.000 établissements, faisant vivre 700.000 ouvriers. Elle réunit, par conséquent, les cinq sixièmes de la production nationale.

Mais l'industrie textile comprend de trop nombreuses branches, des fabrications trop fréquemment opposées dans leurs intérêts, pour qu'un organisme tel que l'Union, fût susceptible de répondre à tous les desiderata. Les besoins des cotonniers diffèrent de ceux des lainiers, et les tisseurs de toile sont parfois en contradiction avec les filateurs de lin. Il convenait de grouper harmonieusement non plus l'ensemble de la production, mais les grands intérêts en jeu. Ce fut l'œuvre de l'après-guerre, caractérisée par la spécialisation des opérations. Alors que l'Union se voyait plus particulièrement attribuer la discussion des problèmes fiscaux ou sociaux, les nouvelles fédérations se sont réservé la solution des questions économiques et techniques de leur rayon.

Il existait, antérieurement à 1919, un Syndicat général de l'industrie cotonnière ; mais celui-ci était impuissant et pauvre. Des statuts arrêtés le 4 décembre 1919 et complétés le 24 juin 1921 lui ont donné une physionomie toute nouvelle et des moyens considérables.

Les adhérents paient, en effet, une cotisation d'après le nombre de leurs broches ou métiers, les syndicats étant responsables des versements de leurs membres.

Le Comité Central de la laine date de 1922. Il a essentiellement pour objet de relier les syndicats régionaux, de coordonner leurs initiatives, de protéger l'industrie et le commerce de la laine, de centraliser toute la documentation indispensable. A cette fin, il s'est organisé à l'image du Syndicat général cotonnier.

La Fédération de la soie n'est née qu'en 1923 (mai). Elle englobe les départements de l'Ain, de Saône-et-Loire, des Savoies, de l'Isère, des Hautes et Basses-Alpes, de la Drôme, de Vaucluse, du Gard, de l'Ardèche, de la Loire et de la Haute-Loire, du Rhône. Elle n'a donc pas absorbé l'intégralité de la soierie nationale. D'un autre côté, ses ressources ne peuvent se comparer à celles des organisations précitées, les syndicats seuls versant une cotisation, qui n'excède pas 500 francs.

Le Comité linier — d'origine déjà lointaine — et la Confédération générale de la toile sont des instituts naturellement de moindre envergure. Leurs services sont concentrés à Lille. Mais, si la Confédération de la toile est trop jeune pour avoir beaucoup fait parler d'elle, l'association des filateurs a témoigné, à maintes reprises, de son influence.

Tous ces organismes ont un caractère national. Au contraire, l'Alsace-Lorraine a conservé une formule particulariste, avec un syndicat industriel, agrégeant le coton, la laine, la soie, le jute, la teinture, et même le matériel textile, tenu à l'écart des autres rameaux de l'Union. Cependant, le syndicat de Mulhouse est affilié à l'Union Centrale. Il convient également d'observer une tendance analogue en ce qui touche l'association du commerce à l'industrie. C'est ainsi que la Fédération lyonnaise de la soie a cru devoir s'incorporer l'habillement et les intermédiaires de vente.

Ces constatations montrent qu'à l'heure actuelle les organisations industrielles ont une propension à faire de l'intégration complète, même sur le terrain de la coopération. La concentration n'est plus l'apanage des établissements. On la généralise aux instituts de protection et d'études. Il faut, toutefois, regretter qu'une minorité d'indifférents ou d'adversaires demeure encore à l'écart du collectivisme patronal, et ne se rende pas compte des bienfaits du syndicalisme. Le faisceau des efforts permet seul les sacrifices indispensables à une action de large envergure.

V

Modalités d'Action des Fédérations de Textiles

Le meilleur moyen d'exercer une influence efficace consiste à bien connaître les ressources dont on dispose, et celles des concurrents. Or, l'Union n'avait jamais pu établir une statistique détaillée et dfinitive de l'outillage national. Elle n'était parvenue qu'à des estimations générales, que notre enquête de 1913 avait complétées. Un des premiers soins des nouvelles Fédérations a été de constituer un inventaire aussi exact que possible, avec le concours des syndicats affiliés, en même temps qu'étaient créés des offices de documentation, en vue de recueillir et grouper toutes les informations relatives à la production des matières premières, à la fabrication étrangère, et au commerce international. Les textiles ont ainsi suivi la voie que leur avait tracée la métallurgie depuis plus de 20 ans. L'exécution d'un programme de ce genre est interdite à l'industrie privée. Elle ne saurait être que l'œuvre de la collectivité, en raison des dépenses qu'elle implique.

Ainsi munis, les groupements centraux ont pu aborder l'examen de problèmes techniques d'ordre général. On a vu, par exemple, le Comité de la laine intervenir pour que les cuirots à délainer, envoyés du dehors à Mazamet, fussent très soigneusement vérifiés à l'entrée, afin d'éviter l'expédition de peaux contaminées charbonneuses. Le Comité linier, de son côté, s'est efforcé d'encourager de meilleures pratiques dans la culture et la récolte du lin.

Les organisations devaient naturellement aborder les questions de transport, qui jouent avec tant d'importance dans la répartition des produits.

Le Syndicat général cotonnier a cru devoir établir dans ce but un comité central des transports qui, entre autres services, a inauguré un office de détaxe et obtenu l'avantage de charger les balles sur wagons dès la sortie des magasins généraux du Havre. Des économies précieuses ont été réalisées de ce chef. Les Fédérations ont, d'ailleurs, multiplié leurs requêtes en vue du réajustement des tarifs ferroviaires, quoique les circonstances fussent peu favorables à des réductions de taxes.

Les grands groupements patronaux ont tendu, depuis quelque vingt ans, à fournir à leurs membres une assurance collective, à l'image de la caisse instituée par le bâtiment, et dont l'activité a toujours été exceptionnelle. Le Syndicat général du coton a, dans cet esprit, participé à la création de la Société *Les Industriels Français*, fondée en 1921.

Les Fédérations modernes, à la différence des organisations similaires antérieures à la guerre, présentent donc un caractère beaucoup plus utilitaire que dogmatique en même temps que ce sont des instruments de progrès, et non plus seulement de défense professionnelle.

Il importait de mettre en lumière la physionomie nouvelle de l'organisation textile. On comprendra mieux son action future.

Ainsi, les fabrications textiles sont entrées résolument dans la voie qui avait assuré l'hégémonie de l'Allemagne sur le terrain économique.

Elle ont inauguré une politique nationale des matières premières, cependant qu'elles élaboraient une politique commerciale de la vente. Il y a dix ans, un pareil reniement de la formule traditionaliste eût été absolument impossible.

Ceci ne veut pas dire que l'industrie textile ait encore adopté toutes les initiatives souhaitables. Il est certain, et nous avons pu nous en rendre compte au cours de cette laborieuse enquête, que la filature n'a pas encore accompli le geste salutaire, propre à rénover certaines cultures métropolitaines si florissantes autrefois comme celles du chanvre et du lin.

La coopération n'a pas encore été établie comme il siérait entre l'agriculture et l'industrie. De même, le patronat n'a pas entrepris l'éducation indispensable du salarié, qui éviterait tant de frictions, et la reconstitution de l'apprentissage n'a pas été suffisamment poussée avec des moyens appropriés à la vie moderne. Disons, toutefois, que la tâche imposée à notre plus grande industrie française est multiple, et ne saurait être réalisée en un jour. Néanmoins on doit reconnaître qu'en quelques années un pas immense a été franchi, qu'on ne pouvait, en aucun cas, présumer avant le grand conflit. Les textiles pourront traverser encore bien des crises dans l'ordre des choses humaines, ils sont, aujour d'hui, semble-t-il, armés pour les surmonter.

SEPTIÈME PARTIE

L'Union des Constructeurs de Matériel Textile

L'Union des Constructeurs de Matériel Textile (Syndicat professionnel constitué sous le régime de la loi de 1884) groupe actuellement près d'une centaine d'établissements, constituant la totalité des ateliers de construction spécialisés dans cette branche importante de la mécanique française.

L'Union a pour but :

1° de créer un centre d'action pour la défense des intérêts des Constructeurs français de Matériel Textile ;

2° de les représenter dans leurs rapports avec le Gouvernement, les divers ministères et toutes les administrations officielles ou privées, les Chambres de Commerce et autres groupements industriels ou commerciaux ;

3° de réaliser toutes organisations et ententes qui seraient jugées nécessaires dans l'intérêt de la collectivité ;

4° de resserrer les liens d'affaires et de confraternité qui existent entre les Constructeurs français de Matériel Textile ;

5° enfin d'intervenir, comme Juge amiable ou comme arbitre rapporteur, dans les contestations qui pourraient être portées ou renvoyées devant elle.

Les établissements groupés dans l'Union peuvent être répartis en 6 groupes :

1° Le Groupe Nord, dont les grands centres sont : Lille, Roubaix, Tourcoing, foyers de l'industrie lainière et linière.

2° Le Groupe Ouest-Centre, dont l'activité est principalement concentrée à Paris et sa banlieue et en Normandie.

3° Le Groupe Est, dont les ateliers sont réunis à Sedan et à Troyes, centre de la bonneterie.

4° Le Groupe d'Alsace, spécialisé dans l'industrie cotonnière, avec ses trois métropoles : Mulhouse, Bitschwiller et Thann.

5° Le Groupe Sud, localisé dans les trois départements du Rhône, de l'Isère et de la Loire (construisant des métiers à tisser, à soie, à tulle et à dentelle).

Le nombre d'ouvriers occupés actuellement dans cette industrie prospère est d'environ 20.000. Le chiffre d'affaires annuellement réalisé est de l'ordre de 500 millions de francs.

Très atteinte par les dévastations de la guerre, l'Industrie de la Construction du Matériel Textile est aujourd'hui totalement reconstituée.

Depuis longtemps, elle a cessé de borner son activité au marché intérieur. Grâce à l'appoint considérable fourni par les Ateliers d'Alsace, sa production dépasse aujourd'hui de beaucoup les besoins de la consommation française, et elle est devenue nettement exportatrice.

La valeur technique de cette production s'affirme nettement dans le tableau ci-dessous des statistiques officielles d'exportation.

(Voir le tableau page 209).

Exportations

	Quintaux métriques			Valeurs (milliers de fr.)	
	1923	1924	1913	1923	1924
Cardes non garnies	1.205	1.289	»	813	883
Machines à nettoyer, à ouvrir et à préparer la laine, le coton et autres matières premières	12.120	15.983	3.046	9.817	13.947
Métiers continus à filer ou à retordre	2.372	2.931	1.631	1.921	2.250
Métiers à filer autres	57.716	42.931	2.246	45.190	34.267
Métiers à tisser	48.123	40.834	9.769	22.088	20.057
Métiers à tricots et à bonneterie	2.017	3.189	1.200	4.792	7.113
Métiers à tulles, dentelles, guipures	120	101	40	120	100

Les pays d'Extrême-Orient, tels que la Chine et le Japon, utilisent aujourd'hui le matériel français ; on peut ainsi apprécier l'effort considérable réalisé au cours de ces cinq dernières années par cette branche importante de l'activité nationale.

Table des Matières

DEUXIÈME PARTIE

Les industries de l'Est et de l'Alsace

TROISIÈME PARTIE

Les industries du Centre et de la Région Lyonnaise

QUATRIÈME PARTIE

Les industries du Sud-Ouest et du Midi

CINQUIÈME PARTIE

Les industries diverses

SIXIÈME PARTIE

Considérations générales et conclusions

SEPTIÈME PARTIE

Imprimerie de l'Ouest. — La Rochelle.

www.ingramcontent.com/pod-product-compliance
Ingram Content Group UK Ltd.
Pitfield, Milton Keynes, MK11 3LW, UK
UKHW022014170726
13837UKWH00001B/189